____________________님께 드립니다.

세상에서 가장 위험한 책

네가 아니라 뇌가 문제야

새/뇌/혁/명

네가 아니라 뇌가 문제야

초판 1쇄 인쇄 2021년 11월 8일
초판 1쇄 발행 2021년 11월 11일

지은이 **박이철**
발행인 **박이철**
발행처 **길퍼블리싱컴퍼니**

발행처 주식회사 길 출판사업부
주소 04549 서울시 중구 을지로 148, 10층 1006호(을지로3가, 중앙데코플라자)
주문 및 문의전화 02-2266-2737 / FAX 02-2266-2276
출판등록 제2017-000057호(등록연월일 2014년 8월 26일)

ISBN 979-11-89521-09-7 03190

세상에서 가장 위험한 책

네가 아니라 뇌가 문제야

새/뇌/혁/명

박이철 지음

길퍼블리싱컴퍼니

차 례

프롤로그

당신의 삶이 다른 사람의 삶보다 가치없다고 여겨지거나, 불행하다고 생각되더라도 그것은 당신의 잘못이 아니니 걱정하지 마라.

당신이 가난한 것은 당신이 부자 부모를 만나지 못했기 때문이니 당신의 잘못이 아니다.

당신이 불행한 것은 당신에게 운이 없는 것이니 그것도 당신의 잘못이 아니다.

당신이 다른 사람들에 비해 뛰어난 머리를 타고 나지 못한 것도 당신의 잘못이 아니다.

당신이 처한 어떤 부정적인 상황도 당신이 잘못한 것이 아니다. 그러니 절대로 자책하지 말아라.

만약 누군가로부터 이런 말을 듣게 된다면 당신에게는 큰 위로가 될까? 혹시라도 화가 나는 대신에 위로를 느끼는 사람이 있다면 나는 이런 질문을 할 것이다.

"당신의 잘못이 하나도 없는데 왜 당신이 이 모든 것에 대한 책임을 지고 있나요?"

참 이상한 일이다.

70억의 인구 중 어느 한명도 어떤 선택도 하지 못한 채 이세상에 태어나 자신의 운에 의지하여 세상을 살아간다. 개중의 특별한 몇몇의 사람들이 자신의 운명을 극복하고 스스로 승리의 자리를 차지했다고 말하지만, 그도 그럴 운명을 타고 났는지도 모른다고 생각하면, 과연 스스로 자신의 삶을 개척하고 산다는 것, 그 자체는 가능한 일일까?

다시 누군가가 당신에게 이런 말을 해준다고 가정해보자

"당신이 늘 운이 없고 부정적인 삶을 살아가는 이유는 당신이 어린 시절 부모로부터 제대로 사랑받지 못한 이유와 당신의 몸을 위협하는 것들을 제거하기 위해서 발달한 당신만의 삶의 방식일 뿐입니다. 당신의 잘못이 아니에요. 그리고 그런 것들이 모여서 당신이 불행이라고 하는 곳에 당신을 빠뜨린 거예요. 당신의 잘못은 없어요. 그것은 모든 사람들이 그렇듯 당신의 뇌도 그렇게 하도록 되어 있기 때문이에요. 다시한번 말하지만, 당신은 잘못이 없어요. 다만 잘못이 있다면 당신의 뇌가 잘못된 거지요"

당신이 이 말을 듣고 "아, 그렇구나, 이게 당연한 것이구나"하고 받아들이게 된다면, 그냥 이책을 여기서 덮는게 좋겠다.

그런데 만약 당신에게 "아니, 그래서 어쩌라고? 그러면 뇌라도 바꾸라는 거야? 어떻게?" 이런 생각들이 든다면 다른 일들에 우선해서 이 책을 읽어 보기를 권한다.

내가 뇌에 관하여 사람들을 구분하면 이렇다.

1. 뇌를 가지고 있는 자
2. 뇌를 연구하는 자
3. 뇌를 사용하는 자
4. 뇌를 설계하는 자
5. 뇌를 설계하는 법을 알려주는 자

모든 사람들은 1번이다. 그리고 우리가 전문가라고 부르는 사람들은 2번이다. 3번은 삶이 평온한 사람들을 이야기하고, 4번은 삶을 행복하고 평온하게 살아가는 방법을 아는 사람을 말한다.

5번은 그 방법을 알려주는 사람일 것이다.

대부분의 사람들은 1번에 머물고 있다. 그래서 운에 의해서 삶이 결정된다. 하지만, 굳이 단계를 거쳐서 5번에 이를 필요는 없다.

그냥 누구나 이 책을 통해 4번에 이르고 5번에 다다를 수 있다.

하지만, 모두가 5번이 될 필요도 없다. 그냥 4번에 머무는 것 만으로 여러분의 삶은 충분히 행복할 것이기 때문이다.

지금까지 당신에게 찾아온 모든 불행들은 당신이 당신의 뇌를 사용하지 않았기 때문에 당신이 겪어야만 했던 것들이다. 하지만, 단언컨대, 당신이 당신의 뇌를 사용하게 되는 순간 당신은 뇌의 주인이 될 것이다.

그리고 뇌의 주인으로 계속해서 머무는 동안 당신의 뇌는 지금의 뇌와 완전히 다른 뇌가 될 것이다.

솔직히 말해서 이 책은 세상에서 가장 위험한 책이다.

왜냐하면, 이 책을 읽기 전에는 당신의 불행한 삶에 대한 모든 책임을 세상과 운에 돌려도 괜찮았다. 하지만, 이 책을 읽게 된다면, 모든 책임이 이제 자신에게 있다는 사실을 알게 되고 당신의 삶(뇌)을 개선할 방법까지 습득하게 될 것이며 만약 당신이 그 방법을 실행에 옮기지 않는다면 그 이후에 일어나는 모든 일들의 책임은 바로 당신에게 있기 때문이다.

지금까지의 삶은 당신이 만든 어떤 핑계도 다 통할 것이다. 하지만, 이 책을 읽은 이후의 삶은 당신이 만든 어떤 핑계도 소용없게 될 것이다.

나는 2021년 2월 12일 KBS다큐온 "감사가 뇌를 바꾼다"에 출연해 그동안 내가 가진 노하우들로 뇌가 바뀌고 그들의 삶이 바뀌는 일을 증명해냈다. 이 책은 방송에서 다루지 못했던 많은 비밀들을 사람들에게 알려주기 위해 쓰게 되었다.

이제 그 여정을 함께 떠나보자.

2021년 박이철

세상에서 가장 위험한 책 새/뇌/혁/명

Part 1.

내 뇌는
무슨 짓을
하고 있을까?

내 뇌는 무슨 짓을 하고 있을까?

뇌가 가진 기본적인 기능들에 대해서 알아보려고 한다. 하지만, 여기서 이야기하는 기본적인 기능과 뇌과학이 말하는 기능에는 다소 차이가 있을 수 있다. 그래서 이 책을 학문적 전문지식을 쌓기 위한 책으로 보면 오해가 크고, 다만 통찰적인 측면에서 보기를 바란다.
여기서 구분하는 뇌의 기본 기능 역시 내가 가진 최소한의 뇌과학적 상식을 바탕으로 임의 구분한 것이다.

뇌과학의 전문가들은 뇌의 기능적인 면을 살펴보기 위해 무척이나 애를 써왔다. 그리고 그 노력의 결과 역사상 최고 수준으로 뇌 기능에 대한 분석이 이루어졌다. 하지만 우리 인간의 모든 것을 관장하는 뇌를 어느때 보다 잘 알게 된 지금, 우리의 삶은 어느때 보다 행복한가?

이것이 바로 모순이다. 우리는 이 모순을 통해서 깨달아야 할 것이 있다. 그것은 우리가 아무리 뇌의 기능을 잘 알게 되어도 그것 자체로 우리에게 행복을 주는 것이 아니라 그 기능을 잘 운용하는 능력이 생겨야 한다는 것이다.

지금부터 우리가 살펴볼 뇌의 기능 또한 모순적인 것들이 많다. 그리고 그 모순을 발견하게 되면 우리는 우리의 뇌를 더 잘 이해하게 되고 활용하게 될 것이다.

01 관찰하는 뇌

멍게가 산란한 뒤, 바위에 달라붙게 되면 더 이상 움직이지 않고 그 바위에 붙어서 생을 마감하게 된다고 한다. 멍게가 바위에 달라붙게 된 후, 먼저 하는 일중에 하나는 바로 자신의 뇌를 갉아먹는 일이라고 한다.

왜 멍게는 이렇게 해괴한 일을 벌이는 것일까? 그것은 너무도 간단하다. 멍게는 유생일 때는 헤엄쳐 다니지만 성체가 되면 바위에 붙어서 평생을 살아가기 때문에 유생일 때 지니고 있던 뇌는 아무런 소용이 없게 된다. 그렇기 때문에 바위에 붙은 멍게에게 뇌는 거추장스러운 것이다. 하지만, 영양분을 가지고 있다. 그래서 인간의 인식에는 조금 끔찍하게 생각될 수도 있는 뇌를 갉아먹는 일은 그들에게는 너무나 당연한 일이다.

인간의 뇌도 마찬가지이다. 뇌의 가장 기본적인 활동은 자신의 행위를 관찰하는 일이다. 우리는 흔히 나 자신을 “나”라고 하는 하나의 덩

어리로 보기 쉽다. 하지만, "나"라는 덩어리는 수십조 개의 세포로 나뉘어져 있으며 그 세포들은 독립시켜 배양하면 각각 스스로 생명을 가진 존재들이다. 다시 말하면, 우리는 수십조 개의 생명이 연합을 이루고 있는 공동체라는 사실이다. 그리고 그 중에서 뇌의 활동은 그 모든 것들의 통제실과도 같다. 뇌의 작용은 인지에 의해서 우리가 의식적으로 알 수 있는 작용이 있고, 또는 우리는 전혀 인식하지 못해서 의식하지 못하고 있지만 그냥 뇌가 알아서 처리하는 작용이 있다.

우리가 전혀 인식하지 못하고 있는 작용의 경우 그냥 뇌가 알아서 한다. 그리고 최근의 뇌과학은 그냥 알아서 하는 그 일의 메커니즘을 밝혀내는데 집중되어 있는 것 같다. 예컨대, 호르몬의 작용이라든지 뉴런의 활동 같은 것들이 그런 류인데 만약 모든 뇌가 최고로 현명하게 작동한다면, 모든 인간들은 최고의 행복을 누릴 것이다. 하지만, 인간의 뇌는 사실 최고로 현명하게 작동되도록 고안된 것이 아니라, 매우 즉흥적이고 일시적, 충동적이며 비이성적으로 작동하도록 고안된 것 같다.

그래서 뇌과학자들은 우리가 전혀 인식하지 못하고 일어나는 작용에 영향을 줄 수 있는 다른 방법들을 강구해내기 위해 노력하는 것인지도 모른다.

그렇다면, 우리가 인식하고 있는 작용들은 어떤 것일까? 그것은 감각기관을 통해서 뇌가 받아들이는 것들일 것이다.

뇌는 우리의 신체기관 중 가장 단단한 두개골 안에 싸여 있다.

예를 들어, 심해에 들어가 있는 잠수함처럼 직접적으로는 세상을 볼 수 있는 방법이 없다. 그래서 다섯 명의 노예를 시켜서 세상에서 무슨 일이 일어나고 있는지 보고를 받는다.

그것이 우리가 잘 알고 있는 눈, 코, 입, 귀, 피부이다. 다시 말해서 뇌는 직접 볼 수 없다는 뜻이다. 직접 보지 못하기 때문에 늘 정확하지 않다. 하지만, 뇌는 자신이 이 다섯 노예들을 통해서 본 것을 진짜라고 믿는다. 그리고 각종 통제권을 행사한다. 그러니 오류가 발생하는 것은 어쩌면 당연한 일일지도 모른다.

그래서 뇌는 이 다섯 노예들을 감시한다. 그들이 어떻게 움직이고 있는지를 감시하면서 뇌는 그들이 잘 작동하고 있음에 안심하고 안정된다. 이것은 표현이 그럴 뿐 나의 사견을 넣어서 설명한다면, 뇌는 이 다섯 노예들이 제대로 잘 작동해야 자신을 잘 보호할 수 있다는 사실을 잘 알고 있다. 다시 말해서 손발이 잘 움직여야 혹시라도 일어날지 모르는 사고에 대처할 수 있을 것이며, 또한 자신을 유지시키기 위해 음식을 구해오거나 위협적인 상황을 잘 대처할 것이 아닌가? 또한 이 노예들이 잘 움직여 세상을 정확히 보고 정확한 정보를 전달해주어야 더 선명한 세상을 뇌가 볼 수 있을 것이 아닌가? 그래서 뇌는 끊임없이 다섯 노예를 관찰한다.

그런데 재미있는 사실이 하나 있다. 그것은 뇌가 이 다섯 노예들을 감시하면서 스스로 발전해간다는 것이다. 그들이 세밀한 행위를 하게 되면 뇌는 더욱더 세밀하게 그들을 관찰하면서 발전한다. 이것은 어찌 보면 당연한 일일지도 모른다. 예를 들어 여러분의 자녀가 피아노를 치고 여러분이 계속해서 그것을 듣게 된다면, 여러분이 피아노의 문외한이라고 하더라도 당신의 사랑스런 자녀가 내는 피아노 화음을 점점 더 잘 이해할 수 있을 것이다.

내가 캐나다에 살고 있는 사촌 여동생의 집에 갔을 때의 일이다. 그녀에게는 17개월 된 딸이 있었고, 남편은 이비인후과 의사였다. 그들과 함께 저녁식사를 시작할 무렵, 그녀는 자신의 딸에게 스마트폰을 보여주며 혼잣말을 했다. "이러면 안되는데, 어쩔 수 없다" 나는 식사가 끝난 후 그녀에게 말했다. "내가 다른 사람 삶에 관여하면 안되는데, 네가 혼잣말하는 소리를 들어서 혹시 네가 허락한다면 내가 한마디 해주고 싶은데 괜찮겠니?" 그녀는 흔쾌히 승낙했다.

나는 그녀에게 물었다.

"너는 혹시 이 아이가 네가 스마트폰을 보여주기 전까지 어떻게 했는지 아니?"

그녀는 고개를 가로저었다.

나는 말을 이어갔다.

"이 아이는 스마트폰을 보여주기 전까지 혼자서 밥을 먹으려고 애를 쓰다가 흘리는 일을 반복하고 있었지, 그런데 네가 스마트폰을 보여주자 아이는 자신이 밥 먹는 것을 잊은 채 입만 벌리면서 밥을 받아먹었지, 과연 이 아이는 밥을 흘리고 싶어서 밥을 흘렸을까?"

그녀는 심각한 표정을 지으면서 대답했다.

"글쎄요. 흘리고 싶지 않은데도 흘리지 않았을까요?"
나는 다시 물었다.
"왜 흘리고 싶지 않았는데도 흘릴까?"
그녀가 말했다.
"아직 잘 먹을 수 없기 때문이겠죠"
나는 다시 물었다.
"그럼 이 아이가 하고 있었던 일은 무엇일까?"
그녀는 대답하지 못한 채 나를 바라봤다.

이 아이가 하고 있었던 일은 몸을 사용하는 일이다. 이 아이는 지금 자신의 몸을 갖게 된지 얼마되지 않아 몸을 가지고 놀고 있었던 것이다. 몸을 잘 가지고 놀기 위해서는 훈련이 필요하고 그 훈련을 통해서 "뇌" 스스로도 발전하는 것이다. 그래서 뇌는 지금 엄청나게 중요한 미션을 몸에게 주고 그것을 관찰하고 있었다. 그런데 자신의 몸을 가지고 노는 것보다 더 재미있는 자극이 뇌에게 주어져버렸다. 그 순간 뇌는 자신의 본분을 망각한 채 그냥 멍청하게 스마트폰이라는 마약에 빠지고 만다. 얼마나 황당하고 위험한 일인가? 이런 일들은 주변을 둘러보면 너무나도 쉽게 목격되는 일이다. 그렇지 않아도 출산율이 떨어져 아이들 보기가 힘든 세상에서, 그나마 태어난 아이들이 부모의 무지로 인해 마약보다 멈추기 힘든 스마트폰에 노출되어 자신들의 다섯 노예를 반납하고 주인으로 살아야 할 뇌마저 노예로 전락하게 되는 이상한 일이 우리의 뇌에서 일어나게 된 것이다.

한국사람들의 아이큐가 높은 것과 한국인들이 사용하는 쇠 젓가락의 연관관계를 이야기하는 것은 일편 매우 타당한 말이다. 쇠 젓가락으로 깨 한 톨을 집어 올리는 동안에도 뇌는 그것을 관찰한다. 그리고 스스로 발전하고 이를 통해 다시 행위는 정교해진다. 이 위대한 선순환의 메커니즘을 우리는 잊어서는 안된다.

'편도체' 두려움에 지배당하다.

자신의 행위를 관찰하는 뇌의 기능에 대해 유심히 살펴보아야 할 대상중의 하나는 편도체의 역할이다. 편도체는 동물의 뇌라고 불리는 중뇌에 있는 기관이다. 편도체는 두려움을 관장한다. 그래서 외부의 위협을 재빠르게 판단하고 그것으로 부터 몸을 지켜내는 것이 그의 본분이다. 그런데 이 편도체가 위협으로 느끼는 것 중의 하나는 바로 갑작스러운 행동의 변화다.

몸이 의식적으로 뭔가를 위해 행동의 패턴을 바꾸게 되면 편도체는 그것을 재빠르게 알아차리게 된다. 그리고 그 행위를 막기 위해 여러가지 노력을 하게 된다.

이것을 예로 들면, 여러분이 평소에 늦잠을 자는 사람인데 일찍 일어나려고 한다거나, 운동을 안하고 게으른 사람인데 운동을 시작하려고 한다면 편도체의 입장에서는 매우 위험한 신호로 인식한다는 것이다. 이것은 마치 여러분의 주변 사람이 여러분의 긍정적인 변화의 노력을 보면서 "평소의 너 답지 않게 웬일이니?"라고 이야기하는 것과 같다. 좀 심하게 말하면, "사람이 죽으려면 변한다더니…."하는 말과 도 맥을 같이 할 수 있다.

그래서 편도체는 몸이 스스로 자신이 얼마나 게으른 존재인지 알아차리게 해주고 싶어하는 것 같다. 그렇기 때문에 편도체는 당신의 긍정적인 새로운 일을 미루도록 속삭인다. '내일이 있잖아, 내일 시작해' 라며 달콤하게 말이다.

이런 속삭임은 안타깝게도 대부분 성공한다. 그리고 여러분은 연초에 결제한 헬스클럽 회원권을 한달도 지나지 않아 그냥 쓰레기통에 내던지고 몸짱의 꿈은 멀어져간다.

뇌에서 일어난 작용은 나름 일리가 있다. 하지만, 매우 모순적이다. 모순이라는 의미 자체가 얼마나 재미있는가? 무엇이든지 막을 수 있는 방패와 무엇이든지 뚫을 수 있는 창, 그 두 개는 모두 좋은 것이 아닌가? 그런데 그 둘을 서로 부딪히면 모순은 드러난다.

뇌의 편도체에서 일어난 작용도 그와 같다. 자신의 몸을 보호하려다 자신의 발전을 가로막게 되는 것이다. 이것은 마치 엄마가 자신의 아들을 너무나 사랑한 나머지 분별력이 없는 마마보이로 만드는 것과 다르지 않다.

보이지 않는 아주 작은 영역에서 일어난 일과 우리가 살아가는 세상에서 일어나는 일이 그 원리적인 측면에서 맥이 통하는 것을 보면 참 신기한 일이다.

02 감지하는 뇌

뇌의 두번째 기능은 감지장치로서의 기능이다. 이것은 첫 번째 기능과 매우 유사하지만, 조금 다른 면이 있기 때문에 따로 설명하고 있다. 사실 이 책에서 주로 다루어 질 내용이 바로 이 감지장치로서의 뇌의 역할이다. 앞으로 지속적으로 다루어 질 예정이기 때문에 간략히만 소개한다면, 앞서 우리가 살펴보았던 관찰장치로서의 뇌가 부리는 다섯 노예들은 저마다 성향이 있다는 것이다. 그래서 그들의 성향에 따라 뇌는 각각 다른 보고를 받게 된다. 좀더 알아듣기 쉽게 설명하면, 다섯 노예 중에 눈에 해당하는 노예가 컵에 반쯤 담긴 물을 보고 뇌에게 보고하기를 "물이 반 밖에 없습니다"라고 보고하면 뇌는 걱정을 하게 된다. 하지만, "물이 아직 반이나 있습니다"라고 보고를 하게 되면 뇌는 "음, 그렇군. 다행이네"라고 안심하게 된다. 이런 예는 우리가 늘상 접하던 예였지만, 뇌의 입장에서 이것을 듣게 되는 여러분은 조금 다르게 느낄 수 있을 것이다.

뇌는 다섯 노예들이 어떻게 느꼈는지를 보고 받게 되고 그것을 진실이라고 믿어버린다. 사실 이렇게 이야기하면 다섯 노예가 느끼는 것 따로, 뇌가 받아들이는 것이 따로인 것처럼 들릴 수도 있다. 이것은 편의상 그렇게 설명하고 있을 뿐이며, 뒤에 자세하게 풀어서 설명할 예정이다.

03 조절하는 뇌

조절기능들 중에서 가장 기초적인 조절이 신체 조절인데 이것이 무력화되면 자연스레 나머지는 조절되지 않는다. 즉 하위단계의 조절이 이루어지지 않으면, 상위단계의 조절이 불가능하다.

뇌는 그 자체로 스스로를 존재로 여기는 것 같다. 그러니까, 모든 다른 신체들이 대체가 가능할 수 있지만, 뇌는 대체가 불가능하다. 그렇기 때문에 뇌가 스스로를 존재 자체로 느끼는 것이 당연하다고 사람들은 생각한다. 물론 나는 이 생각에 전적으로 동의하지는 않는다. 하지만, 뇌는 스스로 존재라고 생각하기 때문에 스스로를 지키기 위해 자신의 부하들은 잘 돌보는 두목과도 같다. 하지만, 이 두목은 모순투성이 이다. 그래서 자신이 겨우 몸의 두목이라는 생각에 사로잡혀 온 세상이 자신의 것이라는 사실을 망각한 채 살아간다. 그렇기 때문에 그는 오직 자신의 안위만을 위해서 행위 한다. 그래서 그가 택하는 아주 쉬운 방법은 게으르고 자극적이며 쾌락적인 것을 좋아한다. 그는 스스로 기분만 좋으면 그것으로 충분하다.

마치 게으른 돼지처럼 배부르게 먹고 실컷 자는 것만으로 자신이 안전한 것으로 생각한다. 하지만, 자신의 신체에 위협이 가해지면 마치 큰 일이라도 난 것처럼 날뛴다. 예를 들자면 배가 고플 때 뇌는 물 불을 가리지 않고, 그 부족을 채우기 위해 애쓰도록 기능이 발휘된다. 모든 기능을 작동시켜서 신체를 안정화시키고, 몸을 움직여 자신의 몸에게 영양분을 조달할 수 있도록 명령한다. 그러면 다섯 노예들이 움직이기 시작한다.

이처럼 뇌는 자신의 생존을 위해 신체를 조절한다. 그렇기 때문에 좋은 일과 좋지 않은 일이 일어난다. 하지만, 뇌는 자신이 하는 선택의 결과가 미래에 미칠 영향에 대해서는 아무런 생각이 없는 것 같다. 그냥 메커니즘에 의해서 그렇게 할 뿐이다.

뇌가 두 번째로 조절하는 기능을 발휘하는 대상은 다름이 아닌 정신이다. 우리는 흔히 뇌를 정신이라고 착각할 수도 있다. 하지만, 나의 관점에서 뇌와 정신은 아주 다르다. 하지만, 분명한 것은 연결되어 있다는 것이다. 좋은 뇌의 상태에서는 좋은 정신상태를 유지할 확률이 높아진다. 하지만, 뇌가 정신은 아니라는 말이다. 뇌는 정신을 일으키는 발전소의 역할을 한다고 볼 수 있다.

가령, 여러분이 예전에 있었던 기억을 떠올리고 있는데 생각이 나지 않는 상황에 처해있다고 생각해보자. 그리고 그것을 떠올리는 일이 매우 중요한 일일 경우 주변에서 당신에게 그것을 떠올리기를 응원하고 당신도 그것을 떠올리기 위해서 정신을 집중하고 있다고 가정해보자. 그런 일들은 사실 우리 주위에서 쉽게 일어난다.

그리고 마침내 당신이 그 일을 떠올리는데 성공했다고 가정해보자. 당신의 뇌가 그냥 가지고 있는 것을 끄집어내기만 하면 되는 상황이라면, 뇌가 그것을 찾아내기 위해 애쓰는 일은 불필요한 일일 것이다. 하지만, 이상하게도 우리의 정신세계에서 일어나는 일들은 오묘하다. 있어도 있는 것이 아니고, 없어도 없는 것이 아니다. 이처럼 기억의 예만 하여도 뇌가 정신적 작용을 집중하면 찾아내게 될 수 있는 것을 알 수 있다. 정신의 작용은 단지 기억에만 있지 않다. 그것은 감정에 대한 컨트롤과 더 깊은 사고를 이끌어내거나 영감을 추구하는 경우에 이르기까지 매우 다양할 뿐 더러 차원이 다른 정신적인 영역의 이른다. 즉 정신의 조절에 따라 우리는 차원이 다른 수많은 일들을 처리할 수 있다는 말이다.

그리고 이 조절 능력을 통해서 우리는 새로운 신비함을 만나기도 한다. 가령 당신이 적대시하는 어떤 사람이 있고 그도 당신을 적대시한다고 가정해보자. 그러던 어느 날 당신이 누군가에게 이런 말을 듣게 되었다. "왜 그 이상한 사람 때문에 당신이 이상해지나요? 그를 그냥 내버려두세요. 혹은 그를 전과 다르게 한번 대해보세요. 그가 이상하게 된 이유가 당신에게 있었을지도 모르니까요"

당신은 스스로 곰곰이 생각해보았다. 그리고 밑져야 본전이니 한번 새로운 시도를 해봐야겠다는 생각을 하게 되었다. 그리고 큰 마음을 내어 그에게 테이크 아웃 커피 한잔을 건냈다. 그랬더니, 처음에는 의아한 표정으로 커피를 받아 든 그가 웃으며 당신에게 친절을 베풀고 시간이 지나 당신과 둘도 없는 절친이 되었다면, 당신에게 일어난 일은 무엇인가?

당신은 당신의 감정에서 일어난 모순을 보고 당신의 감정을 조절하는데 성공했고, 그 결과 당신의 세상을 조절 하는데까지 그 성공을 이어간 것이다. 이것이 뇌가 조절할 수 있는 대상이다.

우리는 이 비밀을 조금씩 풀어나갈 것이다.

하지만, 당신이 잊어서는 안 될 경고가 하나 있다면, 그것은 메슬로우가 욕구 5단 계설에서 하위 단계의 욕구가 충족되지 않으면 상위단계의 욕구는 충족될 수 없다고 이야기한 것처럼(나는 그의 주장에 동의하지 않지만), 자신의 신체를 조절하지 못하게 된 상황에서는 정신을 조절하는 능력이 크게 결여될 수 있다는 것이다. 다시 말해 육체가 안정적일 때 비로소 정신도 안정적이 되는 것이 일반적이라는 말이다. (물론, 특별한 경우 예외는 존재한다.)

04 창조하는 뇌

우리가 물질세계를 살아가며 더 많은 물질을 갖는 것을 최고의 덕목으로 여기고 살아간다고 해도 과언이 아닐 것이다. 그런데 과연 우리가 물질세계를 살아가는 것이 맞을까? 수많은 물질세계의 질서들을 규명하는 물리학마저 더 작은 미시 세계를 통해 물질들이 그들이 생각하는 것처럼 물질로만 존재하지 않는다는 것을 증명하고 있다.

뇌의 활동은 스스로를 물질세계에 대하여 종속적인 입장을 좇아가는 것처럼 여겨지지만, 실제로 그 물질들이 어떻게 해서 생겨나는지를 관찰해보면 우리는 자신이 있는 곳의 신비함을 여지없이 경험하게 될 것이다.

우리는 '제6장 뇌와 세상'에서 보다 자세히 우리가 사는 세상에 대하여 알아보게 될 테지만 이곳에서는 우리 뇌의 위치가 단순히 물질을 해석하는 수준이 아니라, 그것의 주인 자리에 있음을 알아야 한다.

당신이 지금 컵을 들고 커피를 마시고 있다면, 당신은 컵이 물질이라는 사실을 알고 있을 것이다. 하지만, 그것은 지금 당신에게 그 컵이 있기 때문에 그렇게 느끼겠지만, 그 컵이 만들어지기 전에 그것은 컵이 아니라, 컵의 모양을 상상한 누군가의 생각으로 존재했었다는 것을 알 수 있다. 이처럼 뇌는 창조자의 역할을 충실히 수행해 왔으며, 인간은 누구도 그 역할에서 제외되지 않는다. 하지만, 다른 수많은 창조자들에 의해서 우열이 나뉘어지고 자신의 창조성을 망각한 채 서로가 만들어낸 창조물들에 매혹되어 그것들에게 신의 자리를 양보한 몰락한 노예의 자리에서 눈물을 흘리고 있다.

이렇게 된 이유는 뇌가 가진 또다른 여러 부정적인 기능들이 한몫을 하고 있다. 이 부정적인 여러가지 이유들을 아주 쉽게 정리해서 말해본다면, 우리가 생각이라고 하는 것과 대비되는 망상이라는 것이 우리의 뇌를 쉽게 장악하기 때문이라고 이해하자. 뇌는 창조자로서 생각을 할 수도 있지만, 노예처럼 그저 수용하면서 자신의 몸을 보호하는 최소한의 역할을 수행하는 동안(그리고 세상에 의해 휘둘리는 동안), 자신의 세상을 어지럽히는 망상을 일으키기도 한다. 이 때문에 너무도 쉽게 뇌에 오염된 정보들이 늘어나게 되고, 그것을 통해서 뇌가 가진 신성한 영역에 치명적인 타격이 일어나게 된다.

05 연결, 확장하는 뇌

내가 이해하는 뇌의 가장 기본적인 기능 중에 마지막 기능은 확장장치로서의 기능이다.

인간은 시를 쓰는 유일한 존재이다. 시를 쓴다는 것은 감정이입이 일어난다는 것이다. 감정이입은 누구나 가진 일반적인 능력처럼 보이지만, 그것은 따지고 보면 아주 신기한 능력이다. 예를 들어, 어떤 시인이 들국화를 보면서 눈물을 흘리며 시를 쓰고 그와 대화를 했다면, 그것은 그냥 시인만이 가진 가상의 능력일까? 그렇다면, 그 시를 짓는 동안 그가 느낀 감정이나 혹은 그의 교감으로부터 일어난 호르몬의 작용 같은 것들은 어떨까? 그것도 거짓일까? 참과 거짓의 경계를 오묘하게 만드는 것, 그것이 바로 뇌의 능력인지도 모른다.

슬픈 영화를 보고 나오는 많은 사람들이 눈시울을 적시며 걸어 나온다. 그러나 그것은 그냥 영화일 뿐이다. 분노의 영화를 보면서 분노를 공유하고, 기쁜 영화를 보면서 기쁨을 공유한다. 정상적인 사고를 하는 모든 인간은 감정의 공유를 경험한다

세월호 사고가 일어났을 때 사람들은 모두가 슬퍼하며 그들의 아픔을 느꼈다. 인간만이 그럴 수 있는 것은 바로 뇌가 가지고 있는 확장 능력 때문이다. 뇌는 자신을 스스로 자신 안에만 존재하지 않는다는 것을 다양한 방법으로 증명한다.

그것은 시공간을 뛰어넘는다. 지구 반대편에서 일어난 어떤 일에 대해서도 인간은 슬픔과 기쁨을 느끼며, 수십년, 혹은 수백년 전에 일어

난 일에도 마찬가지이다. 혹은 미래에 일어날 어떤 일을 생각하면서도 똑같이 느낄 수 있다.

인간은 물질세계를 살아가지만, 물질세계에만 존재하지 않는다. 그것은 바로 위대한 뇌의 역할 때문이다.

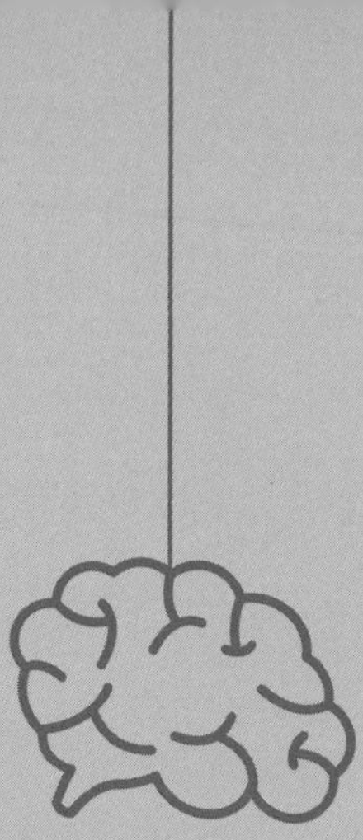

?

모든 것은 마음이 근본이다.
근본이 되어 있으면 모든 것은 된다.
그러므로
모든 문제는
기본을 바로잡는 것에서
해결이 시작된다.

세상에서 가장 위험한 책 새/뇌/혁/명

Part 2.

내 뇌의
주인이
따로 있다고?

내 뇌의 주인이 따로 있다고?

내가 유명한 뇌과학자를 만났을 때, 나는 그에게 물었다.

"혹시 행복했던 일을 하나만 이야기해주실 수 있을까요?"

그는 곰곰이 생각하더니, 나에게 그의 생애에서 행복했던 감동적인 순간을 이야기해주었다.

나는 다시 그에게 물었다.

"그러면 혹시 가장 슬펐던 일을 하나만 이야기해주실 수 있을까요?" 나의 무례한 요구에도 그는 눈물을 글썽이며 자신의 가장 아픈 이야기를 들려주었다.

나는 그의 이야기를 모두 듣고 공감한 뒤 그에게 물었다.

"그런데 교수님이 저에게 행복한 이야기와 슬픈 이야기를 들려주시는 동안 뇌에서 어떤 일이 일어난 것인가요?"

그는 갑작스런 나의 질문에 조금 당황한듯 말을 이어갔다.

"당신이 나에게 행복한 일을 물었을 때, 나의 뇌는 기억장치 속에 있는 가장 행복했던 기억을 찾아내었고, 그것을 당신에게 이야기했지요. 그리고 당신이 나에게 가장 슬픈 일을 물었을 때도 마찬가지였습니다."

나는 미소를 지으며 그에게 다시 물었다.

"그러면 교수님의 뇌를 사용한 것은 누구입니까?"

그는 그제야 나의 질문의 의미를 알아챈 듯 웃으며 대답했다.

"당신이 저의 뇌를 사용했군요"

참 겸손하고 솔직한 분이다.

내가 발견한 뇌의 특징 중 하나는 뇌는 자발적이거나 비자발적이거나 둘 중 하나의 입장을 취한다.

물론 중간 단계도 얼마든지 생각할 수 있고, 그렇게 느낄 수도 있다. 하지만, 내가 이해하는 뇌의 비자발적인 영역의 활동은 뇌 활동에서 거의 대부분이라고 해도 과언이 아니다.

그러니까, 쉽게 말하자면, 뇌는 매우 수동적이며 시키는 대로 하는 존재이다.

뇌는 하지 못하게 하는 일을 할 수도 없다.

이제부터 내가 당신에게 시키는 일을 한번 따라해보자.

눈을 감고 푸른 바다를 상상해보자.

그리고 그 잔잔한 푸른 바다 위로 솟아오르는 한 마리의 돌고래를 생각하지 말아보자.

자 당신의 뇌에서 그 돌고래를 안 나타나게 할 방법이 있는가?

당신이 아무리 착한 사람이라고 하더라도 아주 나쁜 상상을 하게 만드는 일은 너무도 쉬운 일이다. 왜냐하면 뇌는 듣는 대로 상상해버린다.

하지말라는 것은 있을 수 없는 일이다.

그렇지만, 뇌를 스스로 사용할 수 있는 능력은 뇌를 사용하는 자가 깨어나지 않는 한 불가능한 일이다.

당신이 깨어나지 않는 한, 당신의 뇌를 사용하는 것은 당신이 아니라 세상이 될 것이다.

세상의 모든 것들이 당신의 뇌를 가지고 놀 것이다. 그렇기 때문에 당신은 희로애락의 농간을 당하며 살아갈 것이 뻔하다.

그것은 기정 사실이다. 누구에게도 예외가 될 수 없다.

혼자만의 능력으로 자신의 뇌를 사용할 수는 없다.

여기서 정답을 줄 수는 없다. 이 책을 읽는 독자들이 20대라면 적어도 20년 동안 한번도 해본적이 없는 일이 이 책의 몇 줄을 읽는다고 이루어진다면 그것이 있을 수 있는 일이겠는가? 혹은 80대라면 80평생 해보지 않은 그 일이 금세 가능 해진다면 그것이 더 우스운 일이 아니겠는가?

그렇지만, 조금 힌트를 주고 간다면 이렇다.

만약 당신이 바보 같은 일을 하고 있는 어떤 사람을 보고 참 바보 같다는 생각을 하게 되었다고 가정해보자.

우리의 삶 속에서 일어날 수 있는 아주 쉬운 일이다. 그가 한 바보 같은 일은 뻔히 들어 날 거짓말을 누군가에게 하며 곧 자신에게 닥칠 위험을 보지 못하는 일이었다. 그래서 당신이 속으로 생각했다. "참 바보 같은 사람이군"이라고 말이다.

나는 당신에게 물어본다. "당신은 그가 바보 같다는 사실을 어떻게 알았습니까?"

당신은 대답한다. "그야 누가 봐도 다 아는 일이잖아요. 금방 들통날 바보 같은 거짓말이잖아요"

나는 당신에게 다시 물어본다. "당신이 알게 된 것은 무엇입니까?"

당신이 대답한다. "그가 바보 같다는 것을 알게 되었지요"

나는 당신에게 말한다. "그렇군요. 그가 무지하다는 것을 알았군요"

나는 질문을 계속한다. "그런데 혹시 당신에게도 저 사람과 같이 바보 같은 일을 했을 때가 있었나요?"

그는 곰곰이 생각하며 대답한다. "네, 저에게도 있었지요. 저런 바보 같은 일은 누구나 할 수 있지요"

나는 다시 질문한다.

"만약 당신이 그 바보 같은 일을 하고 있을 때 스스로 그것을 알아차렸다면 당신은 어떻게 했을까요?"

당신은 고민하며 대답할 것이다.

"그 바보 같은 일을 그만두었겠지요"

나는 또 질문한다.

“그러면 당신 스스로 당신의 바보 같은 짓을 알아차린 것을 보고 뭐라고 하면 좋을까요?”

당신은 골똘히 생각하다 이렇게 답할지도 모른다.

“무지에 대한 자각!”

나는 당신의 대답에 박수를 칠 것이다.

당신은 이 힌트를 통해 뭔가를 깨달았을 수 있다.

그것은 바로 뇌의 작동이다.

하나의 작동은 자신에 몰입되어 자신이 하고 있는 바보 같은 일을 알아차리지 못한 채 세상이 시키는 대로 혹은 세상이 사용하는 대로 사용되어지며, 자신의 미래를 운에 맡기고 오직 아는 것이라고는 남들의 이상한 점을 알아차리는 것이 고작인 뇌의 작용이고,

다른 하나는 그 이상한 점, 즉 무지한 일이 나에게 일어날 수 있고, 그것이 일어나는 것을 목격하며 그것을 바꿀 수 있는 방법을 찾아내는 뇌의 작용이다.

뇌의 작용이 본능적인 것과 자각적인 것, 두 가지 측면에서 일어나고 있는 것이다.

이것을 좀더 쉽게 이해하기 위해 “니 마음대로 사세요”(박이철 저/2019)에서 예로 들었던 호랑이의 비유를 가져와본다.

사춘기 아들과 아빠가 한창 말씨름을 벌이다가 아들이 방문을 쾅 닫고 들어간 뒤 문을 걸어 잠근다. 화가 난 아빠는 아들의 버릇을 고쳐

주겠노라며 아들의 방문을 부서져라 두드리는데 막상 문이 열리고 난 뒤 눈물을 뚝뚝 떨구고 있는 아들의 모습을 보자 매가 답이 아니라는 사실을 깨닫는다. 그래서 그는 아들에게 최대한 침착한 목소리로 이렇게 말한다.

"아들, 오늘 네 호랑이가 또 튀어나왔어. 알지? 네가 네 호랑이를 다스리지 못하면 아빠가 대신 다스릴 수밖에 없잖아. 그러면 네 호랑이는 아빠의 말을 듣는 아빠의 노예가 되는 거야. 네 호랑이는 네가 다스려야지. 그 방법을 터득한다면 앞으로 네가 살아갈 세상을 다스리는 법도 알게 될 거야. 오늘은 서로가 어떻게 하면 자신의 호랑이를 지혜롭게 다스릴 수 있는지 깊이 생각하는 하루가 되자"

한번도 자신이 둘이라는 것에 대해서 의심없이 살아왔던 우리가 이 이야기 하나를 듣고 곧바로 우리의 존재를 둘로 나눌 수 있다는 것은 참 재미있는 일이다.

우리가 삶속에서 겪게 된 모든 모순들은 사실 우리를 하나의 존재로 보기 때문에 일어난 일이다. 하지만, 이처럼 우리의 존재를 둘로 나누게 되면 우리 안의 모순들은 하나 둘씩 해소될 것이다.

조금 더 지금의 주제와 맞게 표현한다면, 뇌는 호랑이가 사용할 때는 호랑이의 뇌이며, 조련사가 사용할 때는 조련사의 뇌가 되는 것이다.

이렇게 하나의 뇌를 두 존재가 사용한다는 가정에 대해서 많은 심리학자나 뇌과학자들이 동의하지 않고 싶어할지도 모른다. 하지만, 결국 그들도 알게 될 것이다.

이렇게 구분하고 나면, 그들이 그동안 풀지 못했던 많은 모순들이 해결된다는 것을 말이다.

이 간단한 구분이 우리를 얼마나 평온하고 자유롭게 만드는지 알게 된다면, 그들이 알량한 자존심을 버리고 그 작용을 믿으며 따라올 것이다.

하지만, 나는 그들이 나를 따라왔다고 말하지 않는다. 그들이 스스로 자신의 길을 잘 찾았다고 이야기할 뿐이다.

하여간 우리는 이제 좀더 적극적으로 뇌에 대해서 살펴볼 수 있는 좋은 도구를 구했다.

이제 좀더 적극적으로 뇌를 디자인하는 여정을 떠나보자

01 바보야, 진짜 생각은 뇌가 하는게 아니야

내가 만난 정신과 의사 중의 한사람은 무신론자였다. 그는 영혼을 믿지 않았으며, 정신은 오로지 뇌의 작용이라고만 믿는 원칙주의자였다. 나는 그와의 대화를 즐겼다. 왜냐하면, 그런 원칙주의자들의 원칙을 들다보면 배울 점이 많고, 그들의 견고한 원칙 속에서 찾게 되는 논리는 나에게 늘 새로운 힘을 주기 때문이다.

그는 정신과 전문의로서 나에게 절대 지고 싶어하지 않는 듯했다.

그는 자신의 전문영역에서 지고 싶지 않았겠지만, 나는 그와의 대화에서 이기고 싶은 생각이 추호도 없었다. 다만, 그에게 배우고 싶은 생각만 있을 뿐이었다.

그는 단호한 어조로 말했다.

"생각은 뇌가 하는 겁니다."

나는 고개를 갸우뚱거리며 물었다.

"그렇군요. 생각을 뇌가 하는군요? 그러면 뇌를 생각하는 일은 가능한가요?"

그는 잠시 말을 멈추더니 다시 전열을 가다듬은 단호한 어조로 말했다.

"그야 당연하지요. 뇌는 무엇이든지 생각할 수 있으니까, 뇌를 생각할 수 있지요"

나는 다시 고개를 끄덕이며 물었다.

"그렇군요. 뇌가 생각을 하고, 생각하는 뇌를 생각할 수도 있군요. 그렇다면, 자신이 자신의 뇌를 생각할 수도 있나요?"

그는 거침없이 말했다.

"그럼요. 자신의 뇌도 생각할 수 있죠"

나는 그에게 다시 물었다.

"그렇다면, 생각하는 뇌를 생각하는 것은 어디서 하는 거죠?"

그는 한동안 답변하지 못한 채 당황하다가 나에게 "그건 궤변입니다"라는 말을 두고 사라졌다.

과연 나의 말이 궤변일까?

뇌가 생각을 한다면, 뇌를 생각하는 그 생각은 누가 하는 것일까?

나의 구분에 의하면, 물질적 뇌가 하는 생각은 사실은 생각이 아니다. 그는 생존을 위해서 세상의 생각을 받아들이고 있을 뿐이며, 설령 그것이 지적 수준을 많이 요구하는 생각이라고 하더라도 그것은 망상에 지나지 않는다. 그런 생각으로는 절대로 뇌 밖을 경험할 수 없다. 세상에 짓눌린 작은 괴물 하나가 뇌 안에 웅크리고 앉아서 스스로 물질세계의 왕노릇을 하고 싶어서 더 많은 물질을 추구하고 더 많은 지식을 추구하면서 더욱더 자신의 감옥을 옥죄일 뿐, 그 이상도 그 이하도 아니다.

그래서 그 호랑이가 사용하는 뇌가 가진 모든 생각들을 나는 한 단어로 정리한다.

"그것의 이름은 망상입니다."라고 말이다.

생각하는 뇌를 생각하는 것, 그것은 조련사가 뇌를 사용할 때 가능한 일이며, 그것은 매우 철학적이고 성찰적이며 비물질적이고, 온 우주와 연결된 신비한 영역의 일이다.

조련사가 당신의 뇌를 사용할 기회를 준다면, 그때 비로소 당신은 자각이라는 것을 경험하게 될 것이다. 인류 역사상 안타깝게도 어떤 지적 활동도 이 자각의 영역에서 일어난 일들은 매우 드물다. 몇몇 성인들이 자신을 초월한 자각의 영역을 보여주고 그 지도를 우리와 공유했으나 그것을 알아듣기 위해서도 인간들은 자신의 호랑이가 뇌를 내버려 두었기 때문에 실패해왔다.

진짜 생각(사람들은 이것을 사유라고도 한다)은 뇌가 하는 것이 아니라, 조련사가 자신의 초월적인 지위를 활용하여 뇌의 통제실을 장악하고 실시하는 것이다.

다만 다행스럽게도 우리에게 간간히 이런 성공을 맛볼 수 있다. 아주 쉽게는 사랑하는 사람과의 관계에 의해서, 혹은 자신의 내면에서 일어나는 갈등에서 조련사가 깨어나 자신의 뇌를 사용하게 되는 일이 종종 일어나긴 하지만, 일시적이다. 그래서 우리는 보다 적극적으로 뇌를 디자인할 방법을 강구해보자

02 뇌의 주인은 누구?

어느 날 한 사람이 술을 많이 마셔서 혼자서 운전을 하고 집에 갈 수 없는 상황이 되었다. 그는 대리운전을 신청하고 대리운전 기사를 기다리고 있다.

조금의 시간이 흐른 뒤 대리기사가 도착했다. 그는 무심코 차에 타서 대리기사에게 차 키를 건넸다. 그리고 대리기사의 얼굴을 바라본 그는 깜짝 놀랐다.

왜냐하면, 그 대리기사의 얼굴은 매우 상기되어 있었으며, 눈은 풀려 있었다.

그는 마신 술이 다 깰 정도로 화들짝 놀랐지만, 이미 운전은 시작되

었다.

그는 대리기사에게 외쳤다.

"당신 술 마셨지?"

그러자 대리기사가 풀린 눈으로 그를 쳐다보면서 희죽희죽 웃으며 대답한다.

"그래 마셨다. 어쩔래?"

그는 너무나 황당하고 당황하여 소리를 지르며 말했다.

"아니, 어떻게 술을 마시고, 그것도 눈이 풀릴 정도로 술을 마시고 대리기사를 할 수가 있어?"

그러자 대리기사가 응수한다.

"당신이 불렀으니까 왔지. 내가 그냥 왔겠어? 그리고 당신이 키를 맡기고 나보고 운전을 하라고 했잖아?"

그는 너무나 어처구니가 없는 상황에서 그래도 정신을 수습하고 대리기사에게 말했다.

"당장 차 세워"

그러나 대리기사는 풀린 눈으로 희죽대며 그를 한번 쳐다볼 뿐 차를 세울 생각은 없어 보인다. 그리고 빠른 속도로 차를 몬다. 갈지자를 그리며 달리는 차안에서 그는 공포에 떨며 안전벨트를 점검하고 온몸에 힘을 주며 사고를 대비한다. 그리고 마침내 마주오던 차와 전속력을 다해 부딪힌다.

만약 당신이 이런 상황이라면 어떤 기분일까?

호랑이는 감정 덩어리이다. 그래서 호랑이의 감정이 자신의 뇌를 장악하고 사용하게 된다면 감정은 마치 술에 취한 대리기사처럼 당신의 몸에 사고를 내게 만들고 정신을 차리고 나서야 당신은 후회하게 될 것이다.

진짜 뇌의 주인인 조련사가 뇌를 장악하지 않는 한 모든 인간은 이 이야기에서 한치의 예외가 존재하지 않을 것이다.

인디언들의 지혜는 많이 알려져 있다.

그 중에 지금의 이야기와 관련된 재미있는 이야기 하나는 늑대에 대한 이야기이다.

어느 날 인디언추장이 아이들에게 말을 하고 있다.

"너희들에게 나쁜 늑대 한 마리와 좋은 늑대 한 마리가 있다면 그 둘이 싸우면 누가 이기겠니?"

아이들이 저마다 자신의 생각에 답할 때, 현명한 아이 하나가 눈을 빛내며 이야기한다.

"제가 밥을 주는 늑대가 이겨요"

뇌과학자들이 간과한 것이 있다. 그들은 이미 알고 있어야 하는데 자신들의 지식에 갇혀서 인지 그들은 가장 기본적인 하나를 늘 잊고 살아가는 것 같다.

뇌 자체가 인간의 주인이라고 생각하는 것은 큰 오산이다.

그것은 인간을 너무 하찮게 보는 것이다.

뇌는 그냥 통제실에 불과하다.

그런데 그 통제실에 누가 앉느냐가 문제인 것이다.

그 통제실에 술에 취해 눈이 풀린 사람이 앉아 있다면 뇌는 자신의 몸을 가누지 못해 휘청거리며 그의 몸을 운영할 것이다.

하지만, 정신이 건강하고 온전한 존재가 그 통제실에 앉아 있다면 그는 당연히 자신이 할 수 있는 최선을 다해서 몸을 운영할 것이다. 그런데 대부분의 사람들, 좀더 솔직히 말한다면, 거의 대부분의 사람들은 그 통제실이 알아서 운영될 것이라고 생각한다.

그래서 통제실을 비워 둔다. 그러면 지나가던 사람도 한번 들어와서 이리저리 만져보고, 아무나 그 통제실을 들락거린다.

주인이 없는 이 통제실은 아수라장처럼 변하고 만다.

통제실이 아수라장이 되었는데 그의 삶이 제대로 운영이 되겠는가?

그는 결국 매우 당황스러운 상황을 맞이하게 된다.

그리고 삶의 끝에서 한탄하며 말할 것이다. "도대체 왜 이렇게 되었지?"

이 대목에서 여러분은 의문이 생길지도 모른다.

'내가 통제실을 비워두었다고? 나는 제대로 살고 있는데? 그리고 설령 내가 제대로 살지 못한다고 하더라도 대부분의 사람들이 통제실을 비웠다는 것은 너무 비약이 아닌가?' 혹은 자신은 절대로 통제실을 비운적이 없다고 믿는 자신만만한 사람들이 있을 수도 있다. 하지만 나는 어떤 자신 만만한 능력자를 만나도 그를 단숨에 부술 수 있다. 사실은 누구나 가능한 일이기도 하다. 왜냐하면, 그것은 내가 특별한 능력을 가져서가 아니라 그가 무방비 상태에 있기 때문에 가능한 일이다.

자신이 자신의 뇌를 사용하고 있다고 믿는 어떤 사람, 혹은 내가 예로 들었던 것처럼 자신이 그 통제실에서 확실히 깨어서 그 통제실을 장악하고 있다고 믿는 어떤 사람이 나에게 찾아와 자신있게 자신이 자신의 뇌의 주인임을 이야기한다면, 나는 그를 경멸하는 눈으로 쳐다보며 무시하고, 짧은 욕 한마디를 건낼 것이다.

그러면, 그의 얼굴은 벌겋게 달아오르고 금새 나의 멱살이라도 잡을지도 모른다.

그러면, 나는 그에게 웃으며 말할 것이다.

"왜 이상한 저 때문에 이상하게 되셨나요? 당신이 당신의 뇌를 지배하고 있는 것이 맞다면 제가 좀 이상한 짓을 했다고 해서 당신마저 이상하게 되도록 내버려 둬서는 안되는 것 아닌가요?"

우리가 이제부터 배울 뇌에 대한 이야기는 그동안 뇌를 분석하고 연구했던 수많은 뇌과학자들의 노고를 도구로 사용해서 그 보다 더 높은 차원의 것에 도전할 것이다.

이것은 지금까지 아무도 해본적이 없는 도전이며 당신만이 도달할 수 있는 곳이 될 것이다.

왜냐하면, 당신만이 당신 뇌의 유일한 주인이 될 수 있는 사람이기 때문이다.

모든 사람들은
서로의 마음을 빼앗기 위해
자신의 마음을 사용한다.
그러는 동안
자신의 마음은 자신에게 없다.
그래서 선현들이 말씀하신다.
"자중하세요"

세상에서 가장 위험한 책 새/뇌/혁/명

Part 3.

내 뇌가
그물을
가지고 있다고?

내 뇌가
그물을
가지고 있다고?

01 그 그물 이름이 뭐지?

뇌에는 망상활성계(網狀活性界)라는 것이 있다. 이는 뇌간에 집중되어 기반한 시스템으로 이는 뇌 전체 영역으로 널리 퍼지는 작용으로 뇌의 각성, 흥분, 집중 등에 관여한다. 후뇌에서 시작하여 상부의 중뇌에 이르는 망형 구조를 이루며 이 신경작용이 의식의 여부를 조절하게 된다. 만약 외과적 수술에 의해 망상활성계가 파괴된다면 장시간 혼수상태에 빠지게 된다. 일반적으로 마취에서 마취제는 망상활성계 내에서 신경전달을 억제한다. 이처럼 망상활성계는 뇌의 각성상태를 유지하는 중요한 역할을 한다고 알려져 있다.-위키백과 그러니까 망상 활성계는 기관이 아니고 시스템을 이야기한다. 시스템이라고 하는 것은 어떤 기관을 딱히 일컫는 것이 아니라 그 구성요소들이 상호작용하거나 상호의존하여 복잡하게 얽힌 하나의 집합체를 말한다. 그러니까 뇌의 여러 기관에 걸쳐서 하나의 계를 이루는 것을 발견한 것이다.

이름이 참 재미있다.

망상(網狀)은 글자 그대로 그물 모양의 활성계라는 것이다.

그러니까, 뇌의 여러 기관에 그물 모양으로 펼쳐져 있는 시스템이라는 말이 된다.

그리고 이 그물모양의 구조가 의식의 질을 조절한다는 것이다.

이것을 내가 이해하는 방식으로 설명한다면, 이 그물은 뇌라는 몸의 통제실에서 세상을 인식하는 방법에 대한 이야기이다.

우리는 똑 같은 세상을 살아가는 것 같지만, 모두가 다른 세상을 살아간다.

70억 인구 중에 똑 같은 세상을 살아가는 사람은 없다.

그냥 공간과 시간을 공유한다고 해서 똑 같은 세상을 살아간다고 단언할 수 없다는 것은 이제 아무나 아는 사실이다.

심지어 쌍둥이라고 하더라도 서로 좋아하거나 좋아하지 않는 것이 다를 수 있다는 것이다.

만약 쌍둥이가 있는데 한사람은 A라는 사람을 미워하고 한사람은 A라는 사람을 좋아한다고 가정해보자.

충분히 그럴 수 있는 일이지 않는가?
좀더 강하게 예를 든다면, 쌍둥이 한사람에게 A라는 사람은 보기만 해도 기분이 나쁠 만큼 싫은 사람이고 다른 한사람에게 A는 천사 같은 사람이라고 가정해보자.

쌍둥이가 A라는 사람과 각각 3시간을 보낸 후 쌍둥이에게 인터뷰를 한다면 그들은 뭐라고 이야기할 것인가?

아마도 한사람은 지옥 같은 3시간을 보냈으며, 또 한사람은 꿀맛 같은 세 시간을 보냈다고 말할 수 있을 것이다.

만약 우리가 믿는 것처럼 시간과 공간, 그리고 모든 것들이 불변이며, 나도 불변이라면 이 같은 일은 일어날 수 없는 일이 일어난 것이라고 할 수 있을 것이다.

한날 한시에 태어난 쌍둥이에게조차 세상은 이처럼 어떤 때는 극명하게 다른 세상이 되기도 한다. 이것이 당연한 것이다.

즉, 세상이 모든 사람에게 각각 다르다는 것은 당연한 것이라는 말이다.

그렇다면, 이 당연한 것은 우리의 삶에서 이상한 의문을 일으킨다.
왜 세상이 고정불변이지 않고 모든 면에서 다르게 인식되고 변하는가?

이것은 너무나 당연한 이야기이지만, 당연하기 때문에 이상한 일이다.

왜 이상한 일이냐 하면, 모두가 자신이 인식하고 있는 세상과 다른 사람이 인식하는 세상이 다르다는 것을 당연하게 받아들여야 하는데 절대로 그렇게 이해하는 경우는 없다는 것이다.

이것은 매우 강력한 믿음을 일으킨다. 자신이 인식한 세상만이 진짜이며 다른 사람이 인식한 세상은 받아들이려고 하지 않는다는 말이다. 그도 그럴 것이 그에게는 다른 사람들이 보는 세상이 보이지 않기 때문이다.

자신은 한번도 보지 못한 세상에 대한 이야기를 누군가 한다면 당신은 어떤 생각이 들겠는가?

만약 그 세상이 당신이 한번도 보지 않은 세상이라면, 당신은 상상하며 '그럴 수도 있겠구나'라고 생각할 수 있겠지만, 당신이 매번 보고 있는 세상인데, 누군가 당신이 보는 세상을 보면서 '그게 아니라구'한다면 당신은 받아들이기 힘들 것이다.

이것을 좀더 강한 예로 설명한다면, 당신이 어느 날 친구와 산책을 하다가 예쁜 들꽃을 발견했다. 당신은 들꽃에게 말이라도 걸어보려는 마음으로 다가가서 그 꽃을 쳐다보려고 가까이 갔다. 그런데 그 순간 당신의 친구가 그 꽃을 짓밟아 버렸다.

당신은 친구에게 "아니 도대체 왜 그래?"

그러자 친구가 당신에게 말한다.

"원래 잡풀들은 짓밟아야 잘자라"라고 말하며 웃는다.

당신은 그 친구를 다시는 보고 싶지 않을지도 모른다.

다른 예를 한번 보자.

당신은 디저트로 조각케익을 좋아한다. 그래서 친구와 차한잔을 하고 나서 당신은 조각케익 하나를 주문해서 함께 먹으려고 했다. 그런데 친구가 이야기한다. “나는 케익 안 좋아해”

당신은 친구에게 말한다.

“그래? 왜? 이 맛있는 걸?”

친구가 웃으며 말한다. “응, 내가 생크림에 알러지가 좀 있거든”

그제서야 당신은 친구의 말에 고개를 끄덕이며 다른 것을 주문해줄까 고민한다.

처음의 조금 겪어 보기 힘든 예나 어디 서나 일어날 수 있는 두 번째 예는 사실은 하나이다.

우리는 우리가 보지 못한 세상에 대해서 어떤 믿음도 없다. 왜냐하면 그것을 경험해 본적이 없기 때문이다. 다만 내가 보고 있는 그 세상이 전부라고 생각한다.

그리고 자신의 세상을 적대시하게 되면 우리는 그에게 적대적인 감정이 생기게 된다.

그렇다면 이렇게 각각에게 다른 세상이 펼쳐지는 이유는 무엇일까?

그것은 바로 각각이 세상을 다르게 인식하기 때문이다.

세상을 다르게 인식한다는 것은 세상을 인식하는 도구가 다르다는 것이다.

그 도구의 이름이 바로 망상활성계이다.

인간은 뇌의 그물로 퍼진 망을 가지고 세상에 펼친다. 그리고 세상에서 자신의 뇌가 건져내도록 길들여진 그것들을 건져낸다.

얼마나 재미있는 일인가? 분명히 그물은 뇌에 있는데 적용은 세상 전체에 적용이 되니 말이다.

이 비밀스러운 이야기는 후반부에 좀더 재미있게 나눠보자.

또 하나 재미있고 이상한 일은 자신이 건져 올린 것이 자신에게 이롭게 작용하든지 해롭게 작용하든지 별로 관계없이 그냥 건져 올린다는 것이다.

이것을 예로 들면 우리의 뇌가 얼마나 이상한지 곧 알게 될 것이다.

어떤 어부가 그물을 던져서 바다에서 한가득 건져 올린 것이 물고기가 아니라 괴물이었고 그 어부는 그물에서 건져진 괴물을 굳이 배위에 올려놓고 배 위에서 괴물에게 쫒겨다니면서 다시 그물을 던지고 괴물들을 건져 올리고 있다면 그것을 본 당신은 뭐라고 할까?

아마 당신은 그가 좀 이상하거나 미쳤다고 생각할 것이다.

그런데 충격적인 것은 당신이 바로 그 이상한 어부라는 사실이다.

뇌의 통제권을 상실한 사람은 바로 이 어부처럼 그물을 던져 괴물을 끌어올린 다음 그 괴물 때문에 괴로워한다.

우리는 저마다 그 그물을 가지고 있다.

그런데 재미있는 것은 어부들이 어종에 따라 다른 그물을 치는 것처럼, 어떤 것을 건져 올릴지에 따라 우리 뇌의 그물도 다르다는 것이다.

02 내가 믿는 것만 보고 있었다니

세상을 살다 보면 크게 두부류의 인간을 만나게 된다.

한 부류의 인간은 어떤 상황에 대해서 늘 긍정적인 면을 보는 부류이며 다른 부류의 인간은 어떤 상황에서도 부정적인 면을 보는 부류이다.

똑 같은 상황에 처했으면서도 두 가지 상반된 결과를 그들은 가져간다.

이것을 위의 어부에 비유를 끌어서 설명하면, 한 어부는 그물을 던져서 괴물만 잡아 올리고 한 어부는 물고기만 잡아 올리는 것과 같다.

망상활성계라는 그물은 누구나 가지고 있다. 하지만, 그 그물의 종류는 모두가 다르다. 그리고 그 그물의 종류에 따라 다른 것들이 잡혀 올라온다.

그리고 자신의 배를 채운다.

그 배가 바로 자신의 세상이다.

그러면 그 그물의 종류를 결정하는 것은 무엇일까?

그것은 심리적 요인인 확증편향 때문이다.

확증편향은 원래 가지고 있는 생각이나 신념을 확인하려고 하는 경향성을 말한다.

흔한 말로 "사람은 보고 싶은 것만 본다"는 말로 표현할 수 있다. 인지심리학에서 확증편향은 정보의 처리 과정에서 일어나는 인지 편향 가운데 하나이다.

사람들은 자신의 믿음에 대해 근거 없는 자신감을 갖게 된다. 편향이라는 말의 의미는 한쪽으로 치우쳤다는 말이다.

그래서 좋지 않다는 뜻을 내포하고 있지만, 확증편향으로부터 자유로운 사람은 없다.

모두가 편향적이다.

다만 정도의 차이가 있을 뿐이다.

그리고 확증편향이 거의 대부분의 사람들에게서 부정적인 경향을 갖는 것은 매우 당연하다.

왜냐하면, 인간은 진화하는 동안 모든 위협으로부터 자신을 보호해야만 했다.

어떤 것이든 새로운 것에 대해서 경계하고 그것이 자신에게 위협의 요인을 조금이라도 가지고 있는지를 판단하기 위해 매우 중요한 것이 바로 그 위협을 예견하는 것이었을 것이다.

게다가, 사전적인 의미의 확증편향은 사실 모순이다.

왜냐하면, '원래 가지고 있는 생각이나 신념을 확인하려는 경향성'에서 앞에서 살펴본 바와 같이 뇌를 자신이 사용하는 사람들이 전혀 없기 때문에 '원래', '가지고 있는', '생각', '신념', '그것을 확인하려는' 같은 것은 애초에 존재하지도 않았다. 다만 내가 보기에 인정할 만한 것은 '경향성'밖에 없는 것 같다.

'원래'라는 말은 어떤 시작이 있어야 하는데 어떤 확증편향은 그 시작을 알 수 없는 것들이 대부분이다. 또한 '가지고 있는'이라는 말은 소유한다는 말인데 그것은 자신도 모르는 사이에 그냥 존재해 있었던 것들이 대부분이다.

또한 '생각'은 당연히 없고 '망상(妄想)' 만 있을 뿐이다.

그런데 어떻게 신념이 있을 수 있을 것인가?

아무나 내게 와서 자신의 신념이라고 하는 것들을 나에게 이야기해도 좋다.

나는 곧 그것이 신념이 아니라는 것을 증명해 줄 수 있다.

그것은 그냥 신념이라는 생각일 뿐, 주인 없는 통제실에 무슨 신념이 있겠는가?

'그것을 확인하려는'이 말이 되려면 의지가 있어야 하는데 의지를 가지고 확증편향을 일으키지 않아도 확증편향은 이미 그냥 작동하고 있다.

그러므로 내가 이 사전적 의미로부터 동의할 수 있는 부분은 바로 '경향성'밖에 없다.

그래서 내가 이해하는 확증편향은 '왠지는 모르겠지만 그것을 추구하며 좋아하여 갖게 된 경향'이다. 그렇다고 확증편향이 나쁘다는 것은 아니다.

확증편향이 무엇인지 알게 된다면, 확증편향을 가질 수 있다.

그리고 드디어 그것이 자신의 삶에 긍정적으로 작동하며 사전적 의미와도 일맥상통하게 만들 수도 있다.

다시 말하면, 확증편향이 무슨 뜻이며 어떤 작동을 하고 어디로부터 오는지, 그리고 어디로부터 와야 하는지 알게 되면, 확증편향으로 만들어진 망상활성계라는 그물은 이제 당신의 삶에서 괴물을 잡아 올리는 이상한 짓을 그만두고 아름다운 것들을 건져 올려 당신의 삶을 빛나게 할 것이라는 말이다.

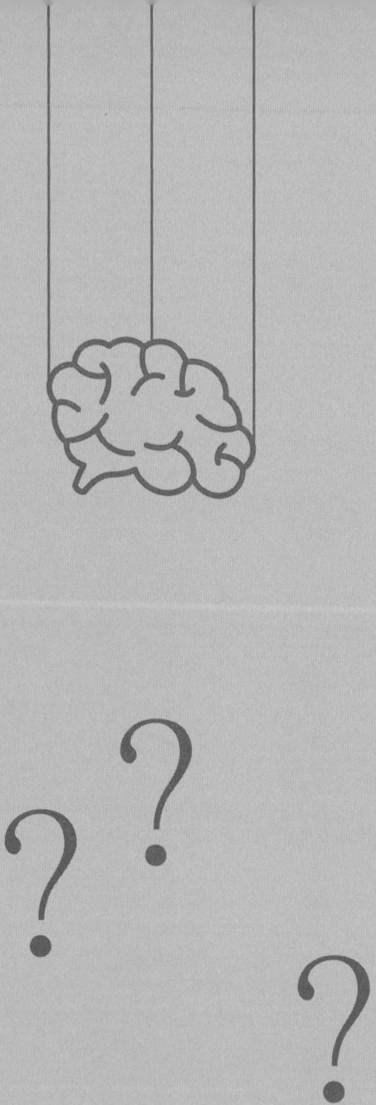

그물을 던져
물고기를 잡아 올리는데
쓰레기만 끌려 올라온다면,
다른 곳으로 자리를 옮기는 대신에
그물을 살펴라
그것이
정신세계와 물질세계의 차이다.

세상에서 가장 위험한 책 새/뇌/혁/명

Part 4.

내 뇌의
그물을
구성하는 것들은
뭐가 있을까?

내 뇌의 그물을 구성하는 것들은 뭐가 있을까?

나는 확증편향을 갖게 한 주범들, 즉 "원래"에 대해서 알아보려고 한다. 이것들 중에는 과학적이지도 않고 뇌과학의 입장에서는 받아들이기 힘든 이야기가 몇 가지 있을 수도 있다. 하지만, 내가 그것들을 여기서 다루는 이유는 나는 뇌과학자가 아니기 때문에 자유로울 뿐 더러, 과학으로만 풀 수 없는 문제들을 몇 가지 근거들을 통해서 우리의 사고를 더 확장하고자 하기 때문이다.

이들을 알게 되면 우리는 우리의 괴로움이 어디로부터 왔는지를 엿볼 수도 있을 것이다.

그리고 진정으로 우리의 괴로움이 어디로부터 왔는지 알아내는 과정 속에서 우리는 우리의 행복의 열쇠를 발견할 수 있을 지도 모른다. 바야흐로 과학은 점점 보이는 세계로부터 보이지 않는 세계를 향하게 되었다. 이는 과학의 발전사를 놓고 보면 아이러니한 일이다.

철학으로부터 나온 신학은 철저하게 보이지 않는 것들에 대한 추측과 신념을 바탕으로 신비주의를 펼치며 사람들의 영혼을 지배하려 했고, 그에 따른 반발과 물질의 원리에 대한 의구심으로 출발한 고전역학은 반대의 길을 가는 것처럼 여겨졌지만, 보이지 않는 세계로부터 가출했던 과학은 이제 새로운 근거들을 가지고 보이지 않는 세계를 증명하기에 이르고 있다. 그리고, 그들이 믿고 싶지 않았던 신비로운 부분마저 과학적 해석으로 시도하고 있고, 신학은 변함없이 그것을 거부하고 있다.

01 무의식으로 그물을 만들었다고?

어느 날 나방 한 마리가 방으로 날아들었다. 그 나방은 온 방을 날아다니며 잠을 방해하더니 급기야 오디오 안으로 들어갔다.

그리고 오디오 안에 들어간 이 나방은 그 안에서 나올 방법을 찾기 위해 이쪽저쪽으로 부딪히며 소리를 냈다. 나방이 오디오 내부에서 부딪히는 소리에 나는 잠을 잘 수가 없어서 결국은 침대에서 일어나 오디오를 열었다. 한참을 부딪힌 탓인지 나방은 여기저기 자신의 흔적들을 남긴 채 죽은 듯했다. 나는 현관을 열어 나방을 밖으로 집어던졌다.

다음날 아침 나방은 문밖에 죽어 널부러져 있었다.

나방은 도대체 왜 집안에 들어왔을까?

내가 이것을 사람들에게 물어보면 사람들은 두 가지를 이야기한다.

하나는 “나방이 빛을 보고 들어왔겠죠”

혹은 “그냥 들어온 거에요”

두 가지 답을 하나로 만들면, “그냥 빛만 보면 들어온다”가 된다.

나방은 나름 엄청난 노력을 하며 방안으로 들어왔을 것이다. 모르긴 몰라도 모든 문이 닫힌 상태에서 나방이 방에 들어오기 위해서는 빈틈을 찾아 끊임없이 들어오려고 시도했을 것이다. 그리고 드디어 나방이 빈틈을 찾아 방에 침투하는 것에 성공했을 때 나방은 아마도 ‘그래 이제 불행 끝, 행복 시작이야’라고 생각했을 것이다.

하지만, 나방의 생각이 틀렸다는 것을 우리는 잘 알고 있다.

결국 나방은 모든 노력을 기울여 죽음에 이르고 만 것이다.

다시 한번 질문해본다.

나방은 도대체 왜 들어왔을까?

우리들은 흔히 이상한 행동을 하는 사람들을 보면서 생각한다.

“도대체 저 사람은 왜 그랬을까?”

그것은 그 사람이 그것을 하면 안된다는 것을 나는 알고 있고, 모든 사람이 알만 한 일인데 왜 그 사람은 모를까? 하는 질문일 것이다.

어떤 사람들은 스스로에게 닥친 일에 대해서 이런 의문을 갖기도 한다.

“도대체 왜 나에게 이런 일이 생겼을까?”

그는 스스로 생각하기에 그런 일이 자신에게 생기지 않아야 된다고 생각했을 것이다.

그래서 이런 의문을 갖는 것이다.

"도대체 왜 그럴까?"

정답은 매우 간단하다.

몰라서 그런 것이다.

몰라서 그랬지만, 그는 늘 그렇게 한다.

그것을 경향성이라고 부른다면 나는 동의하고 싶다.

하지만, 그가 아무런 생각을 갖지 않은 채 행동했다고 하면 좀 미안하니까, 이렇게 이야기하자.

'그가 자신도 모르는 의식에 이끌려서 그것을 했군'이라고 말이다.

그렇다. 그것을 무의식이라고 한다면 일리가 있을 것이다.

대부분의 확증편향은 이처럼 무의식에 의해서 형성된다.

이 무의식은 마치 유전자처럼 인간들이 함께 공유하고 있는 거대한 집단 무의식에서부터 시작해서, 자신도 모르는 태아 때부터 형성된 것, 혹은 우주가 생성되었던 그 최초의 폭발에서부터 시작되었을지도 모르는 무의식에 이르기까지 다양하고 광범위하다.

그러니까, 도대체 왜 그럴까? 를 알 수는 없는 것이다.

그냥 사람들은 거의 대부분 몰라서 그런 것이다. 그것을 알려고 하는 것도 우스운 일이다.

악이 어디서 왔는지 그것을 제거하려고 들어가 악과 싸우는 순간 우리는 그 악에 장악당하게 된다. 그래서 나는 세상을 건져 올리는 그물이 엉망이 된 이유를 통해서 그물을 바꾸는 것을 추천하기 위해서 이 것들을 소개하고 있는 것이 아니다.

다만, 그 그물을 그만 버리고 다른 그물을 사용해야 한다는 것을 알리기 위해서 지식을 돕는 것이다.

02 교육도 그물이 만들고 있군!

내가 아는 훌륭한 교장선생님이 계신다. 그분은 학생들을 진정으로 사랑하고 이 나라의 교육을 걱정하신다. 어느 날 나에게 그분이 말씀하신다. 자신은 학생들에게 40년 동안 존중을 가르치셨다고, 존중이야 말로 세상의 가장 귀한 가치라고 말이다.

나는 궁금증이 생겨서 그분께 여쭈었다.

"그래서 학생들이 서로 잘 존중하나요?"

교장선생님은 뿌듯한 듯 말씀하셨다. "네, 다행히 학생들이 잘 이해하고 존중이 몸에 배인 삶을 살아갑니다."

나는 다시 질문했다. "그런데 교장선생님. 그렇게 존중에 대해서 잘 교육받은 학생이 사회에 나가서 자신을 존중하지 않는 어떤 사람을 만났을 때 어떤 생각이 들게 될까요?"

교장선생님은 다소 당황한 표정으로 말씀하셨다.

"글쎄요"

나는 교장선생님을 더 이상 난처하게 하고 싶지 않아서 말을 먼저 했다.

"아마도 그 학생에게는 '참 저 사람은 존중이 없는 사람이구만'하는 생각이 들었을 텐데, 그런 생각이 드는 것은 상대를 존중하는 것일까요?"

교장선생님은 조금 충격을 받은 것 같았다.

참 이상한 일이지 않은가? 얼마나 훌륭한 교육을 받았는가? 그리고 그것을 통해 남을 존중하는 마음을 갖게 되었는데도 타인에게 존중이 없다는 사실을 알게 된 그 순간, 자신에게 마저 존중이 사라지고 만다니 말이다.

이렇게 귀한 것을 배워도 오류를 일으키는데 그보다 못한 것들은 어떠할까?

우리가 학교에서 배운, 남을 이겨야 뛰어난 사람이 된다는 생각은 혹시 우리에게 자신이 남보다 낫다는 것을 찾아내게 하는 확증편향으로 자리 잡지는 않았을까?

남보다 더 행복해야 한다는 암묵적 교육은 나의 자랑거리를 찾아내고, 그의 약점을 찾아내는 확증편향을 우리에게 심어주지는 않았을까? 또한 그것으로 인해 자신보다 더 행복한 사람을 보는 순간 자신도 모르게 자신의 삶을 저주하는 것으로 발전되지는 않았을까?

교육은 학교에서만 일어나는 일이 아니다.

어느 곳에서 든 지 일어나고 그것은 사람들에게 새로운 영향력을 행사한다. 그리고 그것을 받아들이거나, 혹은 거부하거나 관계없이 우리 삶에서 확증편향으로 자리매김할 것이다.

이것은 그동안의 확증편향에 새로운 확증편향 하나가 더 생기는 것이 아니라, 거대한 무의식의 덩어리에 편승하여 새로우면서 전보다 더 우리를 불행하게 만들만한 그물 시스템으로 발전할 가능성이 매우 높다.

그러므로 삶은 살수록 괴로울 수밖에 없다.

그리고 그것은 당연한 것이 아닌가? 통제실에 주인이 없는데 어떻게 제대로 된 운영이 가능하겠는가?

03 사주(四周) 때문에 생긴 것도 있네!

또한 확증편향에 영향을 주는 것 중의 하나는 운명이다. 이것은 무의식과 매우 비슷하지만 조금 다른 부분이 있어서 따로 떼어놓고 설명한다.

사주나 토정비결은 나름의 원칙을 가지고 있다. 음향오행에 따른 사람의 운명은 매우 그럴듯하다. 사실, 그럴듯하다는 말이 부족할 정도로 정확하기까지 하다.

그리고 언제 어디서 누구에게서 태어났느냐에 따라 그가 가지는 경향이 생긴다. 그것이 확증편향이 된다.

이것을 좀더 알아듣기 쉽게 비유적으로 표현한다면, 뇌라는 통제실은 물리적 공간이다. 이 물리적 공간은 물질에 의해서 탄생했다는 말이다. 다시 말하면, 좋은 흙으로 만든 도기가 좋은 도기가 되는 것이 당연한 것과 같은 이치이다.

좋은 부모를 만나 좋은 환경에서 자라면 좋은 사람이 되는 것은 매우 당연하다는 것이다.

그것은 이미 좋은 뇌를 갖게 된 것이기 때문이다. 다시 말해 좋은 뇌, 좋은 통제실을 갖게 되었다는 말이다.

좋은 통제실은 굳이 통제실에 주인이 개입하지 않아도 그럴듯하게 운영된다는 뜻이 된다.

하지만, 이것은 매우 위험한 발상이 되기도 한다.

중요한 것은 주인이지 통제실이 아니지 않는가?

조금 부족한 흙이지만, 훌륭한 장인을 만나면 아름다운 도기가 될 수 있다는 말이다.

날 때부터 좋은 뇌를 갖고 태어나 좋은 확증편향이 생긴 것은 행운이다. 하지만, 그 이상도 그 이하도 아니다. 딱 거기까지이다.

마치 고종황제가 골프라는 운동이 처음 들어와서 땀 흘리며 골프를 치는 서양인들을 보고, "아니, 뙤약볕에서 왜 저 고생을 하나, 하인들을 시키면 될 일이지"라고 했다는 말과 같을지도 모른다.

통제실에 주인이 자리해야 하는 이유는 분명하다.

모든 가치는 주인에게 있기 때문이다.

요즘은 자동차의 오토파일럿 기능이 잘 되어있다.

조만간 사람들이 운전을 하지 않아도 차가 알아서 갈 것이다.

그렇다고 사람이 가지 않는다면, 차 혼자서 그곳에 갈 필요가 있겠는가?

04 습관도 그물을 만드는 군!

세 살 버릇 여든까지 간다는 말이 있다. 그래서 어려서 교육을 매우 중요하게 생각하며 어른들을 밥상머리 교육부터 제대로 된 인성을 가르치기 위해 애써왔다.

그런데 지금의 인성교육은 법으로 정하는 지경에 이르렀다.

그것은 일종의 코메디 같다.

그러면 옛사람들에게 인성교육이 그리 중요하지 않았던 이유는 무엇일까?

옛사람들은 지금의 사람들보다 지적인 능력이 더 뛰어났을까?

혹은 그들이 더 풍부한 인성을 함양하는 방법을 알고 있었던 것일까?

모두들 이 세 가지 질문에 고개를 갸우뚱거릴 것이다.

그렇다면 그들에게 지금보다 풍부한 인성을 갖게끔 도울 수 있는 부분이 있었다면 그것은 무엇일까?

내가 보기에 사실은 매우 간단하다.

그 시절에는 심심했다. 그리고 엄마가 늘 집에서 더 많은 시간을 아이들과 보냈던 것이다.

그리고 대가족 제도하에 있었다.

그래서 아이들은 엄마와의 충분한 애착관계를 통해서 자랐고, 심심했기에 스스로 세상에서 재미를 찾아야 했으며, 마침내 찾은 재미는 세상에 있는 것이 아니라, 자신의 안에 있는 것을 본능적으로 알게 되었다. 또한 많은 친척들과의 관계를 통해 자신의 모습이 다양하게 비춰지는 것을 인정하게 된 것이다. 그래서 그들의 확증편향은 지금의 우리들처럼 편향되지는 않았을 것이다.

적어도 지금보다 덜 편향적일 수 있는 여지들이 있다는 말이다.

그냥 환경이 그러했고, 그 환경 덕분에 생긴 습관이 그러했다.

그래서 자연스럽게 유기적인 통제실을 갖게 된 것이다.

그렇다고 통제실의 주인이 제대로 자리를 잡았다고 이야기할 수는 없지만, 지금의 통제실보다 훨씬 더 유기적인 통제실임에는 틀림없다.

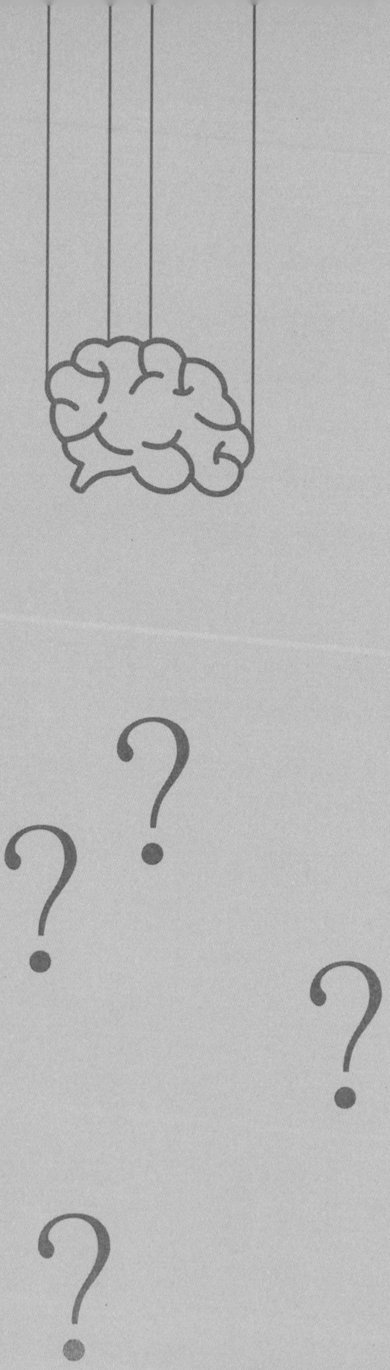

왠지 모를 일들이 일어난다고
당황하지 말라.
모든 일은
일어날 일이
일어난다고 보고
하나하나 살펴보면
왠지 모를 일들은 일어나지 않는다.

세상에서 가장 위험한 책 새/뇌/혁/명

Part 5.

내 뇌의
그물을
바꾸는 것들이
있어!

내 뇌의 그물을 바꾸는 것들이 있어!

위에서 살펴본 바와 같이 확증편향으로 인해 형성된 그물에 의해 세상의 바다에서 건져 올려지는 것들에 변화를 주는 것은 매우 어려워 보인다.

하지만, 자신의 운명을 개척하는 개척자들이 있고 그들이 이룬 성공의 사례를 통해서 우리는 그 가능성을 알아보고자 한다.

만약 위에서 알아본 바와 같이 우리의 운명이 망상활성계를 형성하게 한 네 가지 요소에 의해서 그냥 굳어져서 우리의 뇌에 주인은 없이 스스로 굴러가는 상황이라면 비극은 자명한 일이다.

물론 아래의 노력에도 불구하고, 주인 없는 통제실을 완전히 극복할 수 있는 것은 아니다. 하지만, 첫술에 배부를 수는 없다. 그렇기 때문에 한 계단 한 계단 우리는 우리의 의식의 차원을 높여가야 한다. 이것을 굳이 통제실의 비유로 말한다면, 통제실의 주인이 처음에는 없다가, 초등학생 정도가 와서 통제실을 운영 하다가 나중에는 교수님 정도가 통제실을 운영하게 된다고 이해해도 좋다.

01 충격을 받으면 뇌의 그물이 바뀐다

노벨상으로 유명한 알프레드 노벨은 다들 아는 바와 같이 다이너마이트를 만들어 막대한 돈을 벌었다. 그런 그가 노벨상을 제정했고 오늘날에 이르러 노벨상은 그야말로 모든 이들의 존경을 받는 세계 최고의 권위 있는 상으로 자리매김하였다.

그런데 사람들이 잘 모르는 이야기가 하나 있다. 그것은 이렇게 막대한 돈을 벌게 된 노벨, 그것도 다이너마이트를 팔아서 돈을 벌었던 그가 어떻게 전 재산을 들여 노벨상을 제정하게 되었을까? 하는 것이다. 그 이유에 대해서 아래와 같은 이야기가 있다.

형 누흐비드 노벨이 죽었을 때 지역의 한 신문사가 오보를 내게 되었다. 그 오보의 제목은 "죽음의 상인"이었다. 그도 그럴 것이 다이너마이트를 통해서 수많은 사람들이 전쟁에서 죽어갔기 때문이었다. 하지만, 사업가로서 승승장구하던 그에게 그런 것은 너무나 당당한 것이라고 생각했을지도 모른다. 하지만, 정작 그 오보를 통해 노벨은 아마도 자신이 죽었을 때 어떤 평가를 받게 될지를 미리 알게 되었을 것이다.

그리고 그 평가를 본 순간 노벨이 받았을 충격은 가히 짐작이 간다.

자신이 승승장구하던 사업가 일 때는 모든 사람들이 자신의 앞에서 자신을 존경하는 것처럼 굴다가 정작 자신이 죽게 되는 그 순간 그들의 평가는 매우 냉정했기 때문이다.

그 충격은 노벨이 제정신을 차리게 도왔을지도 모른다.

그리고 노벨은 자신의 전재산을 노벨상 제정에 사용하게 된다.

많은 사람들이 지금까지의 자신의 삶을 되돌리는 계기로 말하는 것은 "충격"이었다.

그들은 충격적인 사건을 통해서 자신의 삶을 되돌아보고 그것이 잘못되었다는 것을 깨닫게 된다. 그리고 진심으로 그것을 깨달았을 때 그들의 뇌는 그동안의 망상활성계의 확증편향을 바꾸게 된다.

지금까지 자신이 믿고 수집하던 그것들이 아무런 의미가 없음을 깨닫게 되니, 새로운 확증편향이 필요하게 된 것이다.

다시 말하면, 그동안 괴물만 그물에 잡아 끌어올리고 있었다는 사실을 그 괴물을 끌어올리는 동안에는 모를 수도 있다는 것이다. 그는 자신의 그물에 이상이 있다는 것을 깨달을 수 없다. 다만, 사회적 통념이 이야기하는 성실만으로는 자신이 하고 있는 일이 괴물을 끌어올리는 일인지 보물을 끌어올리는 일인지 알 수 없다는 말이 된다.

또한 이 말은 하나의 경고가 될 수도 있다. 만약 당신이 깨달았다고 생각하고 있는데도 불구하고 당신의 삶에 변화가 없다면 그것은 진정으로 깨달은 것이 아니라는 경고 말이 될 수도 있다.

그것은 단순한 앎인지도 모른다.

당신의 깨달음이 당신의 삶을 움직여 놓아야 한다. 그래야 진정한 충격이며 진정한 깨달음이다. 이 진정한 충격과 깨달음만이 당신의 그물을 바꿀 수 있다. 당신의 그물이 바뀌지 않는 한 당신의 삶은 제자리 걸음을 하고 있는 것이다.

이 충격은 마치 바닥을 경험하는 것과도 유사하다. 끝없는 나락으로 추락하고 있을 때조차 사람들은 다시 일어날 수 있을 것이라는 막연한 희망을 갖는다. 하지만 정작 다시 일어날 힘은 바닥에 다다랐을 때이다.

바닥에 부딪히는 충격을 느낄 수 있어야 다시 일어날 수 있다.

진정한 충격만이 한 번에 모든 것을 바꿀 수 있다.

하지만, 모든 사람들이 전환을 꿈꾸지만, 충격을 원하지는 않는다. 그래서 아마도 다양한 방법으로 충격을 피하면서 그물도 바꾸지 못한 채 생을 마감하는지도 모를 일이다.

나에게는 CEO들이 모이는 곳에서 강의를 하는 경우가 있다.

한번은 강의가 끝나고 뷔페식사를 하고 있는데, 내 옆에 앉아 계시던 한 회장님이 저 멀리를 손가락으로 가리키면서 나에게 말한다.

"저 새끼 보세요"

나는 그 말을 듣고 깜짝 놀랐다.

"누구요? 저기 김회장님요?"

그 회장님은 나를 보며 말했다.

"우리끼리 있을 때는 그냥 저 새끼라고 부릅시다"

나는 원래 장난치기를 좋아하시는 회장님이 장난을 하시는 거라고 생각하고 다시 말했다.

"근데 왜 그러시는데요?"

그랬더니 회장님의 말씀이 가관이다.

"저 새끼는 돈 밖에 모르는 놈이에요"

나는 조금 장난스럽게 말했다.

"아니, 사업하시는 분이 돈만 알면 되지 또 뭘 알아야 합니까?"

그랬더니 그 회장님이 장난 반 진담 반으로 나를 노려보며 말했다.

"아니, 그런거 가르치는 사람이 그걸 몰라요? 먼저 인간이 되어야지 인간이"

그렇다 모든 사람들은 기본을 먼저 인간이 되는 것으로 목표를 둔다.

하지만, 인간이 되는 것이 세상에서 가장 힘든 일이다.

인간은 아무리 인간이 되어도 인간이 되기 힘들다.

인간이 되기 위해 애쓰는 인간 중에 스스로 "이 정도면 내가 인간이 되었다"라고 생각하는 사람을 만나기는 매우 어렵다.

왜냐하면, 인간의 인간됨의 목표는 끝이 없다. 아무리 인간이 되려고 해도 인간이 되기 힘들다는 사실을 깨달았을 때 사람들은 그를 존경한다.

참 아이러니한 일이다.

충격은 인간이 되기를 시작해야 한다는 신호이며, 인간이 되기 위해서 가장 먼저 필수로 해야 할 일을 뇌는 알고 있다. 그것은 그가 믿는 것을 바꾸는 것이다.

그러면 자신의 그물이 바뀌게 되고 자신의 배로 퍼 올리던 괴물이 보물로 바뀌게 된다.

02 믿음을 깨는 수행으로 그물 바꾸기

수행하는 사람들이 많아진다. 명상을 하는 사람들도 많아진다. 그들의 목표는 보다 성숙한 인간이 되는 것일 것이다. 성숙한 인간이 된다는 것은 무엇일까?

한 고등학생이 자신의 어머니를 따라 교회에 갔다. 그 학생에게는 한 가지 희망이 있었는데, 그것은 자신의 외할머니가 교회에 다니면서 한번도 배우지 않았던 중국어로 방언을 하는 것을 들으며 자신도 방언이 터지기만 하면 배우고 싶은 일본어를 공부하지 않고도 배울 수 있지 않을까 하는 얄팍한 마음이 그것이었다.

그러던 어느 날 새벽에 기도를 하러 가던 길에 작은 다리에서 그는 예수님의 형상을 보게 되었다. 그리고 예수님은 아기 양을 안고 있었고 머리위로는 일곱 개의 별과 그 위로는 무지개가 펼쳐져 있었다.

그 이후 그 고등학생에게는 신기한 능력이 생기기 시작했다. 그가 손만 대면 사람들의 병이 낫기 시작했고, 그에게는 다른 사람의 미래를 볼 수 있는 예지의 능력과 예수님과 직접 대화를 할 수 있는 능력마저 생겼다.

비록 고등학생이었지만, 그의 영험한 능력에 공감하는 80개가 넘는 지부교회가 전국에 새로 생기고 그를 추종하는 사람들이 늘기 시작했다. 그리고 급기야 그가 받은 계시는 지구의 종말이었다.

그 즈음 그에게 찾아온 40대의 한남자는 그의 수제자가 되기도 했다. 하지만, 우리가 잘 알듯이 지구의 종말은 오지 않았다. 그는 그를 따르던 신도들로부터 온갖 소송에 휘말리다 미국으로 도피해 사업가로 변신했다. 아이러니하게도 그의 사업은 크게 성공했고 지금은 수백억 원대의 자산가가 되었다.

그를 찾아왔던 40대의 수제자는 우리가 잘 알고 있는 신천지의 이만희 교주이다.

그 고등학생은 유재열로 그에게 배운 것을 신천지는 그대로 따랐고, 단 하나 종말의 날짜를 명기하지만 않았다.

나는 개인적으로 유재열은 적어도 사람을 속인 사람은 아니라고 본다. 그는 자신의 믿음에 속은 사람이다.

아프카니스탄에서 주로 활동하는 IS는 자살 폭탄테러를 한다. 그들에게 그 일은 자신의 생명을 내던질 만한 믿음으로 인해 비롯된 일이다.

믿음, 그것은 정말 위험한 것이다.

수많은 교회들이 그리고 종교들이 믿음을 빌미로 돈을 요구한다.

살아서 복받고 죽어서도 천국을 가기 위해서 필요한 것이 믿음이라고 강변한다.

그들에게 복은 무엇일까?

그것은 돈일 것이다. 그러면 돈 놓고 돈 먹기인가?

도박과 다를 바가 무엇인가?

천국에서는 돈이 필요 없기 때문에 지금 돈을 내서 천국행 티켓을 구매하라는 말이다.

그리고 그들은 돈을 건져 올리는 그물을 원한다. 그리고 그 그물은 틀림없이 돈을 건져 올릴 것이다. 왜냐하면 그들이 믿는 믿음은 끌어당김의 법칙을 따르기 때문이다.

그리고 끌어올려진 돈을 다른 사람들에게 증거로 보이며 다른 사람들에게도 그것을 추구하라고 말한다. 그러면 수많은 사람들이 "시크릿"이나 "끌어당김의 법칙"을 운운하며 몰려들고 자신의 배에 괴물들을 퍼 담는다.

올라올 때는 분명히 보물이었는데, 배 위에 올려놓고 나니 괴물이 되어버리는 이 신비한 이치를 알지 못하기 때문에 일어나는 일이다. 그것은 마치 주인 없는 통제실을 장악한 악마가 통제실이 제대로 작동하지 않게 만들기 위해 통제실 가득 오물을 채우는 것과 같을지도 모른다.

내가 이야기하는 그물은 사람들이 이야기하는 그런 그물이 아니다. 돈이나 건져 올려서 부자 되라는 그물을 가지라는 것이 아니라는 말이다.

위의 예에서 본 노벨처럼 삶을 가치 있게 살 수 있는 방법을 찾으라는 것이다.

그것은 뒷부분에서 자세히 설명할 테니, 이 장에서는 수행자들의 진정한 가르침을 엿보고자 한다. 그것은 바로 자신의 믿음을 의심하는 것이다. 자신에게 일어난 가장 믿을 만한 그 일, 그것은 믿음이다.

하지만, 자신의 믿음을 의심하는 동안 자신의 믿음은 깨어진다. 그 믿음이 깨어지는 순간 평온이 온다. 자신의 믿음에 반하던 적들이 사라진다.

자신의 믿음이 자신을 옥죄었다는 사실을 우리는 알게 된다.

그것이 진정한 믿음이다.

믿음이 없어진 믿음. 보고자 하는 것을 보는 것이 아니라, 모든 것이 하나로 보이는 그 믿음. 깨지고 또 깨져서 끝도 없이 넓어지고 커진 공간에서 누리는 고요함.

아직 거기까지 가기에 우리는 많은 길을 가야 하지만 막막하다고 포기하지 말아야 한다. 왜냐하면 언젠가는 가야할 길이기 때문이다.

그러는 동안 당신의 확증편향은 중심을 잡고 그 그물에는 최고의 보물들이 건져 올려질 것이다.

03 습관이 바뀌면 그물이 바뀌지

자신의 그물을 바꾸는데 성공한 사람들의 공통적인 이야기 중의 하나는 습관을 바꾼 것에 대한 이야기이다.

어찌 보면 그것은 당연한 것이다. 망상활성계라는 그물의 작동, 좀 더 정확히 말하자면, 확증편향의 작용은 당신이 잠자는 동안에도 작동하기 때문이다. 당신의 꿈속에서조차 그것은 작동하고 끊임없이 당신의 배에 잡은 것들을 퍼 올릴 것이기 때문에 그것은 습관이다.

그래서 많은 동기부여나 자기계발 서적에서 당신의 습관을 바꾸기를 추천할 것이다. 스티브코비 박사의 유명한 저서 "성공하는 사람들의 7가지 습관의 비밀"에서처럼 획일적인 성공의 잣대에 다다르기 위한 습관을 제시하고 그것에 다다르는 방법들로 당신을 유혹할 것이다. 나는 그들의 방법이 잘못되었다 거나 하는 이야기를 하려는 것이 아니다.

도대체 자신의 행복의 기준도 없는 사람들이 어떻게 성공을 이룰 수 있느냐는 것에 대한 의문을 표하는 것이다.

심지어 사람들은 자신이 어떤 일을 할 때 행복한지조차 알지 못한다. 그래서 학교에서 배운 대로 따라해본다. 그것은 다른 사람들을 이길 때 행복하다고 가르쳐준 학교의 교육 그대로이다.

그들은 철저하게 다른 사람보다 더 많이 가진 것을, 다른 사람들 보다 더 뛰어난 것을 행복한 것이라고 스스로에게 타이르며 행복을 맛보는 것 같다.

그리고 그들은 다른 사람들을 앞지르기 위한 습관을 형성하려고 노력한다. 그리고 그 습관의 노력으로 자신의 삶이 변했다고 고백하기도 한다.

나에게 누가 그런 변화에 대해서 묻는다면, 나는 단호하게 말할 것이다.

“그물의 색깔만 바뀌었을 뿐 계속해서 괴물들을 끌어 올릴 거에요”

사람들의 흔한 착각이 바로 행복과 쾌락을 구분하지 못하는 것이다.

사람들이 쾌락을 느낄 때마다 뇌에서 도파민이 분비된다. 극단적으로 도파민을 최대 1200%까지 증가시키는 것이 메스암페타민 즉 히로뽕이다.

뇌는 중독에 취약하다.

좀더 솔직하게 말한다면, 뇌는 자아도취적 중독에 더 취약하다.

누군가 마약을 한다면, 그는 경찰의 수사를 받을 것이고 큰 곤욕을 치를 것이다.

하지만, 자신의 뇌에서 스스로 만들어져 나오는 마약에 취하는 것을 제제할 방법은 없다.

인간의 뇌는 끊임없이 마약을 원한다. 만약 그것이 바깥에서 조달된다면, 그것도 끊기 힘들지만, 사회적 규범이 그것을 제약하고 있기 때문에 선뜻 용기를 내어 시도하지 못한다. 하지만, 자신의 뇌에서 나오는 마약에 대해서는 아무런 규제도 받지 않을 뿐더러 사회적으로도 그것을 용인할 뿐만 아니라 장려한다.

그래서 우리는 끝없는 쾌락을 추구한다.

그리고 그 쾌락의 이름을 아름답게 부른다. “기쁨”이라고 말이다.

어떤가?

단어를 바꿔주니까, 훨씬 아름다워 보이지 않는가?

그것은 다름 아닌 도파민 중독이다. 뇌에서 나오는 호르몬인 이 도파민은 우리의 삶에 중독작용을 일으킨다. 그리고 마치 모두의 삶을 행복하게 해줄 수 있는 해결사처럼 군다.

하지만, 여느 중독과 마찬가지로 도파민도 그것이 분비되지 않으면 금세 의기소침해지고 우울해진다. 그리고 삶의 의욕을 잃게 되고 삶의 낙오자처럼 자신을 여기게 된다.

내가 이야기하고 있는 습관은 도파민을 어떻게 하면 잘 생성하는지에 대한 저급한 이야기를 하고 있는 것이 아니다.

만약 당신이 읽었던 자기계발서가 여기에 해당된다면 당장 잊어버리기를 권한다.

진짜 견지해야 할 습관이 있다.

그것은 당신을 평온하게 만들고 당신을 충돌질하는 도파민 대신 당신이 진정으로 얼마나 행복한지 알려주는 세로토닌을 생성하는 습관이다.

이 습관들로 당신은 진정한 자유가 무엇인지를 알게 될 것이다.

이 습관들에 대해서는 아래장에서 자세히 다룰 것이다.

04 계속 질문하면 그물이 바뀐다.

망상활성계의 그물을 바꾸는 가장 좋은 방법을 나에게 묻는다면 나는 단연코 질문을 이야기할 것이다.

지속적인 질문은 습관을 교정하고 지속적인 충격으로 지금의 자신의 믿음으로부터 빠져나오도록 돕는다.

질문은 가장 안정적으로 지금 가지고 있는 그물을 바꾸게 만들 것이다.

또한 이것은 가장 덜 충격적이면서 가장 효과적인 방법인 대신에 한 가지 어려움이 있다. 그것은 바로 스스로 그 질문을 하기는 어렵다는 것이다.

그렇다고 불가능하다는 이야기를 하는 것은 아니다. 많은 수행자들은 스승과 함께 이 수행을 통해서 깨달음과 그물 교체에 성공한다. 하지만, 일반인들에게 어렵다는 것이다. 물론 자신을 일반인이라고 여기지 않는 사람의 도전을 막을 이유는 하나도 없다.

또한 중요한 것은 이 질문은 망상활성계의 그물을 교체할 만한 핵심적인 질문이면서 지속적으로 이루어져야 한다는 것이다.

만약 지속적인 질문을 스스로에게 할 수만 있다면, 그 작용은 두가지 측면에서 이루어진다.

하나는 반복이고 또 하나는 시각화이다.

우리는 매일 매일의 반복에 노출되어 있다. 하루가 반복되고 일주일이 반복된다. 그리고 한달이 1년이 반복된다. 그런데 이것은 진정한 반복일까? 그렇지 않다.

시간은 반복하며 앞으로 전진하는 것이다.

시간이 미래로 전진하는 동안 자신은 어떻게 되는가?

늙어간다.

이상하지 않은가 시간은 앞으로 가는데 나는 뒤로 가는 느낌이 들지 않는가?

그런데 어느 날 당신이 운동을 시작한다고 가정해보자.

그러면 어떤 일이 일어나는가?

당신의 몸에는 근육이 생기고 힘이 붙을 것이다.

왠지 시간을 거스르는 느낌이 오지 않는가?

참 이상한 일이다.

가만히 있으면 세상만 반복하고 나는 늙어간다. 하지만, 내가 열심히 반복하면 나는 그것을 거스를 수도 있다.

반복의 객체로서 가만히 있을 것인가? 아니면 반복의 주체가 될 것인가는 매우 중요한 의미를 갖는다.

만약 당신이 반복의 주체가 되어 운동을 하면 당신이 시간을 늦출 수 있는 것처럼, 당신이 질문을 반복한다면 당신은 깨달음의 주인이 될 것이다.

그리고 그 깨달음은 당신을 늘 새롭게 만들 것이다.

그것은 매일 매일 당신의 망상활성계의 그물이 새로워지는 것과 다를 바가 없다.

당신의 그물은 매일 매일 새로워질 것이기 때문에 날마다 새 그물로 건져 올리는 새 보물들을 만나게 될 것이다.

이것이 반복의 참 맛이다.

또 하나는 시각화이다.

즉, 당신이 누군가에게 계속해서 질문을 받게 된다면 당신은 그 질문에 해당하는 생각을 매번 떠올리게 될 것이다.
그리고 그 질문을 통해서 당신은 당신의 삶 속에 숨어있던 보물들이 보이게 될 것이다. 그리고 그것이 보이면 당신은 훨씬 더 쉽게 그 보물들을 건져 올리게 된다는 말이다.

"시크릿"류의 자기계발서들은 이 시각화를 자신의 꿈과 성공 등과 연결해서 설명하고 있다.
나는 그것이 틀렸다고 말하지 않는다. 하지만, 위에서 언급한 것처럼 나는 그저 당신이 저급한 도파민중독자로 전락하지 않기를 바라기 때문에 그것을 버리라고 말하는 것이다.

하지만, 거기에 분명 쾌락은 있을 테니 이번 생에서 그 정도로 만족하고 싶다면 어찌하겠는가?

구체적인 질문에 대한 이야기는 제9장에서 자세히 다루도록 할 것이다.

감옥으로부터
나가고 싶다면
감옥에 들어오지 않는 방법을
찾아야 한다.
우리는 매순간
마음의 감옥에 투옥된다.

세상에서 가장 위험한 책 새/뇌/혁/명

Part 6.

세상과 전쟁하는 뇌

세상과 전쟁하는 뇌

사람들이 믿고 있는 착각이 있다. 그것은 자신들이 세상을 살아간다고 믿는 것이다. 조금 더 자세하게 말한다면, 자신들의 뇌가 세상을 인식하고 자신들의 몸뚱아리로 세상을 살아간다고 믿는 것이다.
이것을 착각이라고 말하는 것에 여러분은 꽤 기분이 언짢을지도 모르겠다.

하지만, 그것은 반론의 여지가 없이 사실이다.

그 이유는 위에서도 설명했던 바와 같이 우리는 똑 같은 세상을 전혀 살고 있지 않기 때문에 결론적으로 자신의 뇌가 인식하는 세상안에서 살아간다는 것이다.

이제 이것은 아주 다른 이야기가 된다.

결국 뇌에서 인식한 세상을 살아가는 것이기 때문에 세상이 있고,

내가 있고, 내가 뇌를 통해 세상을 살아가는 것이라는 확신은 거짓이라는 말이다.

이것을 가정해서 설명한다면, 만약 당신의 진짜 몸뚱이가 침대에 누워있고, 당신은 오감을 통제하는 가상현실 시뮬레이터안에서 체험을 한다고 하는 것과 지금의 뇌가 인식하는 세상에서 당신이 살아가는 것과 조금도 다를 바가 없다는 말이다.

뇌는 그냥 주어진 환경에 적응하며 세상의 질서라는 것에 잘 속아 넘어갈 것이다.

이것은 마치 영화 "트루먼 쇼"의 트루먼과 같다.

모든 것이 트루먼을 위한 드라마인 트루먼 쇼의 세트장이며, 트루먼은 태어나면서부터 세트장 안에서 태어났고, 살아간다. 결국 영화에서 트루먼은 그 세트장을 탈출하는데 성공한다.

트루먼의 탈출의 실마리는 이상한 오류를 발견하게 되면서다.

여러 오류들을 발견하고 그것을 의심하고 점검하는 동안 확신이 섰다. 그리고 비로소 배를 타고 바다를 건너 세트장의 끝을 경험하게 된다.

이 세상이 그 세트장과 다를 것은 하나도 없다. 다만 영화에서 나온 세트장보다 지금의 세상의 세트장이 비교도 안 될 만큼 크고 섬세할 뿐이다.

그렇다고 의심할 여지가 없거나 완벽하다는 것이 아니다.

우리는 뇌에서 그 실마리를 찾아낼 수 있다.

우리는 뇌를 가지고 세상을 살아가는 존재가 아니라 뇌의 세상에 갇혀버린 존재가 되어버렸다.

공상과학과도 같은 그 근거들을 하나씩 들어보자.

01 내가 과거와 싸우고 있다고?

과학적으로 밝혀낸 두 가지 사실이 있다. 이것은 아주 오래전에 발견된 사실인데 첫째는 이러하다. 세상에서 가장 가까운 곳에 함께 살지만 절대로 볼 수 없는 존재가 있다. 지금까지 어떤 사람도 그를 본 적이 없다.

그것은 바로 자신의 모습이다.

자신의 모습을 볼 수 있는 방법은 없기 때문이다. 사람들은 거울을 통해 자신의 모습을 볼 수 있다고 믿지만, 그것은 직접 본 것이 아니다. 단지 거울을 통해서 보는 것이다.

두번째 사실은 우리가 보고 있는 이 세상은 절대로 지금 이 순간이 아니라는 점이다. 우리가 무엇을 본다고 하는 것은 빛이 대상에게 부딪혀 자신에게 돌아와 망막에 맺힌 상을 보는 것이 우리가 본다고 하는 개념이기 때문에 근본적으로 사람들은 대상의 현재를 보는 것이 아니라 대상의 과거를 보게 된다는 말이다.

'그 정도 시차가 무슨 의미야'라는 생각을 가진 분들을 위해 조금 더 과학적인 예를 들어 설명한다면, 북극성은 지구로부터 450광년 떨어져 있다. 빛으로 가도 450년이 걸린다는 뜻이다. 그러니까 우리가 보고 있는 북극성은 450년 전의 것이라는 말이 된다. 만약 누군가 북극성에서 나를 향해 욕을 하고 있다면 그것은 450년전에 욕을 하고 있는 것이고 만약 그것을 내가 바로 들을 수있다면 그는 미래를 향해서 욕을 한 것이 되고, 나는 과거에 그가 한 욕으로 인해 오늘 괴롭게 된다.

자 이제 기본적인 과학 상식을 통해서 현실에서 일어나고 있는 모순을 한번 들여다 보자.

그러면, 나를 제외하고 모든 것이 과거인데 우리는 어떻게 행위하는가?

만약 자녀가 잘못된 행동을 하게 되는 경우를 가정해보자

자녀의 잘못된 행위를 지금 당장에 당신이 보고 있다고 하더라도 그것은 과거의 것이다. 그렇지만 당신은 자녀의 과거를 바꾸기 위해 애쓸 것이다. (비록 당신이 자녀들의 미래를 교정해주고 싶다고 생각은 하겠지만, 그 순간은 이미 과거가 되어 버렸기 때문에 당신은 간섭할 수 없는 세계에 간섭을 일으키려는 노력을 하고 있다는 것이다)

당신은 과거를 바꾸어 본적이 있는가?

나는 지금까지 과거를 바꾸는 것을 성공한 예를 들은 적이 없다.

그것은 불가능하기 때문이다.

하지만, 모든 사람들은 과거와 살며 과거를 바꾸기 위해 애를 쓴다. 오직 바꿀 수 있는 것은 자기 자신뿐이다.

왜냐면 바꿀 수 있는 유일한 순간은 지금밖에 없기 때문이다.

다른 사람들에게 일어난 과거는 절대로 바꿀 수 있는 것이 안된다.

하지만, 예외 없이 모든 사람들이 과거를 바꾸기 위해 전쟁에 나선다.

그리고 모두 실패한다.

참 이상한 일이 아닌가? 한번도 성공한 적이 없는 일에 도전하는 사람들에게 과연 박수를 보내야 할 것인가? 아니면 다른 아이디어를 생각해 보아야 할 것인가?

우리가 이런 모순에 빠지게 된 이유는 바로 뇌가 일으키는 착각 때문이다.

그것은 뇌가 세상을 인식하는 방법과 궤를 같이 한다.

뇌는 감각기관을 통해 세상을 인식한다. 그런데 그것은 마치 거울에 비친 모습을 이해하는 것과 꼭 닮아 있다.

우리의 눈은 빛이 반사된 것을 본다.

그리고 그것을 뇌에게 전달한다.

그리고 그것이 지금 이 순간 일어난 일이라고 생각한다.

그래서 몸을 시켜서 그것들을 조절하라고 명령한다.

하지만, 여기에서 심각한 오류가 발생한다.

첫번째 오류는 위에서 설명한 바와 같이 이미 일어나 버린 일이기 때문에 마치 드라마를 보면서 드라마 내용에 간섭을 하려는 것과 같은 상황이 초래되는 것이다.

또 하나는 그것은 상(像)속에서 일어난 일이지 실제로 일어난 일이 아니라는 것이다.

이것에 대한 설명을 하기 위해 아래에 거울 이야기를 자세히 다루었다.

살펴보도록 하자.

02 내 뇌가 거울이야?

〈아래의 내용은 2020년 특별한 서재에서 출판된 "니 마음대로 사세요(박이철)"에서 인용한 내용에 본 도서와 관련하여 작가가 첨삭한 내용임〉

마음이 뇌다. 뇌는 거울이다.

나는 강연을 할 때마다 사람들에게 빼놓지 않고 "마음은 무엇입니까?"라고 묻는다. 대부분의 사람들은 이 질문을 받았을 때 즉시 대답을 못하고 머뭇거린다. 자신의 마음에 대해 많은 이야기를 하는 사람들이 정작 마음이 무엇이냐고 물었을 때는 답을 찾지 못하는 것이다. 그러다 "마음은 감정이 아닌가요?"라고 되묻기도 한다. 그리고 또 어떤 이는 "마음은 생각을 말하는 것 같은데요."라고 하기도 하고, 또 다른 이는 "마음은 느낌에 가까운 것 같아요."라고 한다. 모두 그럴 듯한 대답들이다.

그 다음으로 나는 "그렇다면 지금 당신의 마음상태는 어떤가요?"라고 묻는다. 머뭇거리다가 "제 마음은 계란과 같아요. 조금만 거칠게 다뤄도 금방 깨져버리거든요."라고 대답하는 사람이 있는가 하면 또 다른 사람은 "제 마음은 사과와 같아요. 당장은 상큼하지만 상하기도 쉬워요."라고 하고 "제 마음은 돌과 같아요. 감동도 없고 딱딱하고 건조하기 짝이 없어요."라고 하는 사람도 있다.

그러면 마지막으로 나는 이렇게 묻는다.

"마음은 저마다 자기가 생각하는 모습으로 존재할 수 있는 거네요. 그렇다면 왜 마음을 움직여 가장 좋은 쪽으로 생각하고 가장 멋진 이름을 붙여주지 않는 거죠? 만일 여러분의 얘기처럼 마음이란 것이 감정일 수도 있고 생각일 수도 있고 느낌일 수도 있는 데다 계란도 될 수 있고 사과도 될 수 있고 돌도 될 수 있다면 여러분 마음대로 마음을 정할 수 있다는 말이잖아요?"

그때 누군가가 말한다.

"그걸 우리가 우리 마음대로 할 수 있다고요?"

"당연하죠. 여러분의 마음이잖아요. 여러분 마음대로 하실 수 있죠."

마음이란 이렇듯 원래 자신의 마음대로 할 수 있어야 하는 것이다. 마음은 '나'라는 그릇 안에 담긴 무형의 무엇이기 때문이다. 그런데 왜 사람들은 '내 마음이 그렇게 마음처럼 되지 않아.'라는 하소연을 자주 하는 것일까?

마음은 어떤 때는 뇌가 세상을 인식하는 상태를 표현하기도 하고, 어떤 때는 감정의 상태를 이야기하기도 한다.

그러므로 포괄적인 의미에서 마음은 뇌라고 볼 수 있다.

낚시를 갔다. 물고기 한 마리를 낚아 올렸다. 크기가 제법 되어서 팔딱거릴 때마다 묵직한 무게감이 손을 즐겁게 했다. 나는 낚은 물고기를 손질해서 매운탕을 만들었다. 생선 토막들이 냄비 속에서 맛있는 냄새를 풍기며 보글보글 끓고 있다. 역시 야외에서 먹는 밥은 맛있다. 매운탕에 밥 한 공기를 뚝딱 해치웠다.

당신에게 물고기는 어떤 모습으로 인식되어 있는가?

물속에 살아 있던 물고기?

낚싯줄 끝에서 퍼덕거리며 물 밖으로 끌려 나오던 물고기?

도마 위에 놓인 물고기?

매운탕 속의 물고기?

흔적도 없이 사라진 물고기?

위에 열거한 모든 것은 시간의 흐름에 따라 실제로 일어난 일이다. 그런데 이 중에 당신의 기억에 가장 강렬한 현실로 남은 것은 당신이 가장 강렬한 감정을 느낀 순간이다. 그래서 그 현실에 대한 기억에는 감정이 늘 포함되어 있다.

세상에 똑같은 물건은 많고 많지만 그 흔한 것들 중 하나가 만일 특별한 사람이 내게 남긴 것이라면 그것은 세상에 하나밖에 없는 물건이 된다. 감정은 현실로 일어난 일이 아니기에 최종적으로 내게 남은 기억은 실제 진실에서 왜곡되거나 변형되거나 창조된 것일 수도 있는 것이다.

거울의 1단계 - 눈을 의심하는 능력

개에게 거울을 보여준다면 개는 어떤 반응을 보일까?
개에게 거울을 보여주면 고개를 갸우뚱거리거나 사나운 개들은 맹렬하게 으르렁댄다. 맹수들도 거울을 보여주면 당황해서 덤벼든다. 오랑우탄 이상의 영장류들만 거울을 거울로 인식한다고 알려져 있다. 인간은 과연 어떻게 거울 안에 있는 사람이 자신이라는 것을 알게 되었을까?

인간은 언제부터 거울을 인식할 수 있을까?

놀랍게도 인간은 거울 보자 마자 그것이 거울인 것을 알아챘다.

기어다니는 어린아이에게 거울을 가져다 보여주면 아이가 제일 먼저 하는 행위는 거울에 손을 갖다 대는 것이다. 그리고 그 살아 있는 것 같은 거울 속 아이는 실제가 아니고 바로 자신이 거울에 비춰진 것이라는 것을 추측으로 알게 된다'내 눈에 보이는 저게 진짜일까?'라고 의문을 품는 것은 누구나 할 수 있다. 너무나 아무것도 아닌 것처럼 들릴 수 있지만 이 발견의 무게는 그리 가벼운 것이 아니다. 아이는 그 어떤 동물도 하지 않았던 일을 해낸 것이다. 바로 진실을 의심한 것이다.

모든 동물은 눈에 보이는 대로 보고 그것을 믿는다. 그러나 이 아이는 보이는 것을 믿지 않고 검증을 한 것이다. 자신이 생각할 수 있는 방법을 모두 동원해서 그것이 진짜인지 아닌지를 검증해낸 것이다. 이 얼마나 위대한 일인가? 그리고 눈에 보이는 그것이 거짓이라는 것을 알아차린 것이다. 그것은 어마어마한 상상력이다. 인간이 동물과 다른 점, 인간을 원초적으로 동물과 차별화된 영역으로 가져다 놓을 수 있는 그것이 바로 진실을 의심하는 능력이다. 여기에서부터 생각이 시작된다. 그리고 이 생각은 나중에 거짓을 만들어내는 단계로까지 발전한다. 이러한 능력은 인간이 노력해서 갖게 되는 것이 아니다. 저절로 주어지는 것이다.

내가 임의로 구분한 거울을 인식하는 단계로써 구분한 성숙도에서 동물들은 0단계이며, 보이는 거울을 인식할 수 있는 단계가 1단계이다.

거울의 2단계 - 사람의 마음을 말하는 거울

1단계에서 2단계로 넘어오는 것은 2단계에서 나머지 단계를 밟아나가는 것을 합친 것보다도 어렵다. 그리고 그만큼 중요하기도 하다.

어느 날 친구를 만났는데 그 친구가 당신을 보자마자 난데없이 빈정거리는 투로 이렇게 말했다고 생각해보자.

"야아, 얼굴에 살 좀 봐라. 아주 욕심이 그득그득 찼구만."

그 말을 듣고 당신은 화가 치밀어 오른다. 누가 그런 소리를 듣고 가만히 있겠는가? 당신은 친구가 당신의 기대와 달리 당신을 '무시'한 것에 분노를 느낀다. 그런데 모든 사람이 당신에게 이런 얘기를 할 리는 없을 것이다. 그렇다면 그의 말은 진실이 아니다. 그저 그 순간 그 친구가 그렇게 '느낀 것'이다. 그렇다면 '느낌'이란 무엇인가? 느낌은 마음의 순간적인 반응이다. 즉 그 친구는 자신의 마음이라는 거울에 당신이 어떤 모습으로 어떻게 비춰지고 있는지를 당신에게 이야기한 것이다.

사람의 마음은 말하는 거울이다. 자신에게 비춰진 대로 말을 한다. 그 친구의 마음의 거울 앞에 당신을 비춰보았는데 그의 거울은 당신을 '더러운 욕심쟁이'라고 했다. 그렇지만 이것이 진실은 아니다. 모든 사람들이 당신을 그렇게 생각하고 있지 않기 때문이다. 그 거울이 진실을 그대로 비추지 못하는 것은 당신이 아니라 거울에 문제가 있어서이다. 어떤 거울 앞에 섰는데 그 거울에 마침 때가 끼어서 자신의 모습이 제대로 보이지 않는다고 거울에다 대고 화를 내는 사람은 없다. 그런데 왜 우리는 매번 언짢은 이야기를 들으면 화가 치밀어 오르는 이런 짓을 되풀이하고 있는 것일까? 거울을 보며 으르렁대는 개를 '바보'라고 생각하며 비웃었다면 그 비웃음은 이제 누구의 것인가?

마음에 상처를 주는 말뿐만 아니라 좋은 말 역시 마찬가지이다. 누군가 당신을 보면서 "당신은 정말 천재에요. 당신 같은 사람이 존재한다는 것만으로도 인류의 축복이 아닐 수 없어요."라고 한다면 얼마나 기분이 좋겠는가? 목에 한껏 힘이 들어갈 만한 칭찬이다. 그런데 이 역시 그의 마음의 거울에 비친 하나의 상(像) 일뿐이다. 뚱뚱한 사람이 오목거울 앞에 서서 거울에 비친 늘씬한 자신의 모습을 보며 황홀경에 빠져 있는 것과 다를 바가 없다. 그러니 이 '말하는 거울'이 하는 거짓말에 휘둘릴 이유가 없다.

뇌는 그저 자신에게 비친 것을 말할 뿐이다.

거울의 3단계 - 거울에 숨은 진실

어느 날 운전을 하다가 횡단보도 앞에서 신호등에 걸려 차를 멈췄다. 멀리서 목발을 짚은 사람이 길을 건너기 시작하는데 걷는 속도가 너무 느려서 아무래도 신호가 바뀔 때까지 길을 다 건너지 못할 것 같았다. 아니나 다를까, 녹색 신호등이 켜졌지만 그는 느릿느릿 당신의 차 앞을 지나가고 있다. 보행자 신호가 빨간불로 바뀌었는데도 봤는지 말았는지 하염없이 당신의 시간을 잡아먹고 있는 그를 보고 평소 같았으면 화를 내거나 경적을 울렸을 테지만 조용히 그가 횡단보도를 무사히 지나갈 때까지 기다린다. 당신이기 때문이 아니라 보통의 사람이라면 누구나 그렇게 했을 것이다.

이제 이야기를 좀 바꿔보자.

모든 상황은 동일한데 보행자가 사지가 멀쩡해 보이는 사람이다.

신호가 바뀌었는데도 불구하고 그는 느릿느릿 걸으며 당신의 차 쪽을 쳐다보며 히죽히죽 웃기까지 한다. 당신은 치밀어 오르는 화를 참지 못하고 경적을 울리고 창문을 열고 욕을 퍼붓는다. 그는 그런 당신을 보며 오히려 더 킥킥거리며 웃는다. 보통의 사람이라면 당연히 화가 머리끝까지 날 만한 상황임에 틀림이 없다.

앞의 상황에서 당신이 보행자를 끝까지 침착하게 기다려준 것은 무엇 때문인가? 그가 눈으로 보기에 장애가 있고 그 장애를 당신이 인지 하였기에 분노를 느끼지 않는 것이다. 그러나 뒤의 상황은 어떤가? 그가 눈으로 보기에 멀쩡하니 아무런 문제가 없어 보였기에 당신은 엄청난 분노를 느낀 것이다. 그런데 당신의 생각처럼 그가 정상일까?

당신은 그 순간 육신의 문제만 보고 있었던 것이다. 후자의 상황처럼 횡단보도를 건너며 일부러 그런 행동을 하는 사람은 어떻게 생각해도 정상이라고 보기 어렵다. 전자의 목발을 짚고 힘겹게 횡단보도를 건너던 사람은 언젠가는 나아서 목발을 벗을 수 있지만 뒤의 이야기 속 보행자는 언제 나을지 알 수 없는 보이지 않는 병, 즉 마음의 병을 앓고 있는 사람이다. 그렇다면, 누가 더 걱정스러운 사람이며 당신은 누구을 더 배려해야 하는가?

그런데 여기에서 매우 중요한 질문이 또 하나 있다.

'그 마음의 병은 어디로 부터 오는 것일까?'

당신은 평소 겸손하고 가끔 성실하다는 칭찬도 듣는 평범한 사람인데 지금 분노의 불길에 마음이 활활 타오르고 있지 않은가? 왜 이런 일이 벌어졌을까? 당신의 마음 역시 거울이라는 것을 망각했기 때문이다.

호랑이는 자신이 믿는 '진리'로 인해 스스로를 해치게 된다. 이 진리의 거울은 인류 역사 속에서 인간의 영적 성장을 가로막는 큰 걸림돌이 되었다. 이 진리의 거울에 대해 경고한 두 현자 중 하나가 예수이다. 예수를 곤란에 빠트리고자 했던 바리세인들은 예수 앞에 간음죄를 지은 여인을 데리고 온다. 그리고 예수에게 묻는다.

"우리의 율법에 따르면 저 여자를 돌로 쳐서 죽여야 하는데 어찌 하오리까?"

엄청나게 머리를 쓴 간악한 질문이 아닐 수 없다. 만일 예수가 허락을 하지 않는다면 예수는 율법을 파괴한 자가 되어 법정에 서야 하고 만일 예수가 허락을 한다면 그것은 그의 가르침을 스스로 반박하는 셈이 되는 것이다. 그러자 예수가 말한다.

"너희 중에 죄 없는 자가 저 여자를 돌로 쳐라."

그의 이 영특하고 명료한 답에 바리세인들은 예수에게 계속해서 시비를 건다. 그러자 예수가 또 말한다. 성경구절 가운데에서도 가장 많이 이용되는 명문이다.

"진리가 너희를 자유케 하리라."

그러자 바리세인들이 발끈한다.

"우리는 아브라함 이래로 자유롭지 않은 적이 없는데 어째서 우리를 자유롭지 않다고 하시오?"

그러자 예수가 말한다.

"너희는 모두 죄의 종이라. 종은 아버지의 집에 영원히 거하지 못하거니와 아들은 아버지의 집에 영원히 거하나니 아들로 말미암지 않고는 아버지께로 갈 자가 없느니라."

'종'은 아버지의 집에 거할 수는 있으나 영원할 수는 없고 '아들'은 아버지의 집에 거하면서 영원하다. 즉 이 말을 달리 해석하자면 진리가 아닌 것이 진리로 받아들여질 수는 있으나 그것이 영원히 진리가 되지는 못하고 진정한 진리만이 영원히 진리로 남을 수 있다는 것이다.

예수의 앞에 끌려왔던 여인은 간음죄를 지었다. 그 여인에게 사람들이 돌을 던지면 그 사람들은 살인죄를 짓게 된다. 간음죄는 이미 그 여인에 의해 저질러졌지만 살인죄는 아직 짓기 전이다.

그러면 이상하지 않은가? 그 사람들은 여인이 과거에 저지른 죄로 인해 그 순간 살인죄를 저지르게 생긴 것이다. 왜 이런 일이 벌어졌을까? 바로 '간음을 하면 안 된다는 진리' 때문이다. 이 진리가 진정 그들을 자유롭게 하고 있는가?

아니다. 오히려 살아 있는 여인을 돌로 쳐서 죽여야 하는 괴로움에 내던지고 있다.

방법은 있다.

'간음을 하면 안 된다는 진리'를 남이 아니라 나에게만 적용하면 된다. 나만 지키면 그 지키는 순간 죄로부터 자유로워질 수 있다. 남에게 적용하여 단죄하려는 순간 그 진리에 나는 발목이 잡히는 것이다. 그래서 '진리가 너희를 자유케 하리라.'는 말은 '너희를 자유롭게 하는 것이 진리이다.'로 해석되어야 한다.

거울의 3단계는 자신의 거울에 비친 상(像)이 거짓임을 알아차리는 것이다. 즉 호랑이가 진실이라고 믿고 있는 거울을 의심하는 것이다. 이것은 자신의 호랑이를 인식하는 단계이다. 그 호랑이의 거울에 비친 상(像)을 진실이라고 생각해왔지만 그것이 그저 호랑이의 거울에 비친 왜곡된 모습일 뿐이라는 것을 깨달아야 한다. 당신을 지옥 불 같은 분노에 떨게 했던 횡단보도의 '멀쩡한 보행자'가 사실은 당신의 호랑이의 마음의 거울에 비친 상(像)일 뿐 인 것이다.

이 진리의 거울이 내장된 기관이 바로 뇌이다.

그냥 쉽게 이야기하면, 뇌는 (고도로 복잡한 설계를 지니고 있긴 하지만)거울이다.

이 진리가 바로 확증편향이며, 이것들로 엮여진 그물이 바로 망상활성계라는 말이다.

거울의 4단계 - 생각이 모든 것을 만든다

사람들은 자신의 감각기관이나 마음을 통해 받은 느낌들을 진실이라고 믿는다. 그러나 이것들은 진실이라고 하기에는 애초부터 여러가지 문제점들을 가지고 있다.

첫째, 모든 사람들이 느끼는 것은 제각각 다르다는 것이다. 저마다 처한 상황이나 조건에 따라 반응이 다르게 나타난다. 가장 쉬운 예로 우리가 가장 민감하게 반응하는 '한일전'에서 한국이 막판 역전골로 아슬아슬하게 승리를 했을 때를 보자. 한국의 축구팬들은 서로를 얼싸안고 기뻐하며 건배를 외치고 일본에서 경기를 보던 일본 축구팬들은 눈물을 흘리며 슬퍼하고 더러는 화를 참지 못하고 소란을 일으키기도 한다. 아주 당연한 것 같지만 어째서 같은 일을 두고 양쪽에서 받는 느낌이 이렇게 정반대일까? 느낌은 진짜가 아니다. 그저 상황과 조건에 맞춰 우리의 감정체계가 반응을 보인 것에 불과하다. 앞서 말했듯 '당연한 것'은 없다. 우리가 당연하다고 생각하게 되는 것들을 의심해 보아야 한다. 모든 것에는 이유가 있다.
앞서 들었던 예를 좀 더 자세히 들여다보자.

우리가 매일같이 쓰는 컵은 어떻게 해서 만들어진 것인가? 흙과 물을 섞어서 구운 것이다. 그러면 흙 반죽이 만들어지기 이전으로 거슬러 올라가보면 어떤가? 그 시작은 '흙과 물을 섞으면 뭔가를 만들 수 있지 않을까…….'라는 누군가의 아이디어였다. 즉 모든 것의 출발점은 머릿속에 떠올린 '생각'이라는 것이다.

세상에는 생각이 만들어내지 않은 것이 없다. 그리고 우리는 그 생각이 만들어낸 것들에 둘러싸여서 살아간다. 그리고 이것들을 '당연한 것'으로 여긴다. 그러나 이런 믿음에 의심을 가져볼 필요가 있다. 내가 가지고 있는 컵들 중에 내가 사랑하는 사람이 유난히 아끼는 컵이 하나 있다. 그런데 그만 그 사람이 세상을 떠나고 말았다. 그러면 그 컵은 나에게 그 이전과 같은 컵일까? 세상에는 그것과 똑같은 컵이 셀 수도 없이 많을 것이고 나도 많은 컵을 가지고 있지만 그 컵은 가치를 매길 수 없을 정도로 소중한 컵이 되었다. 누군가의 생각으로 인해 만들어진 컵이 나의 생각으로 인해 다시 태어나는 순간이다. 당신이 인식의 객체가 아니라 주체가 되면서 당신의 생각이 개입되기 이전과 이후가 완전히 달라지는 것이다.

당신을 옭아매고 괴롭히는 문제들이 시도 때도 없이 일어나 마음을 고통 속으로 몰아넣고 있다면 그것은 당신이 인식의 주체이기를 포기했기 때문에 받는 일종의 벌인지도 모른다.

물질적으로 '당연히' 존재하는 것들도 그 존재가 당연한 것은 아니다. 고대 그리스 철학자들의 '원자론'은 세상은 텅 빈 진공과 그 안을 떠도는 원자로 되어 있다고 했다. 그래서 세상은 영원불멸하는 원자들이 모였다 흩어지는 일을 반복하는 것에 불과하며 거기에는 어떤 의미나 목적도 없다는 것이다. 그러나 이후 원자보다 더 작은 소립자야말로 가장 작은 물질의 단위라는 것이 밝혀졌다. 그러나 수많은 종류의 소립자조차도 끝임없이 상호작용하며 변화한다.

그러니 모든 물질은 고유의 '불변'하는 형태를 그대로 유지하는 것이 없다. 그저 형태에 대한 우리의 고정된 생각이 마음에 하나의 상(像)으로 맺혀 있을 뿐이다. 70억 세계 인구의 육체에서 원자핵들을 모아 하나로 뭉치면 사과 하나 정도 크기라고 하니 존재란 참으로 공허한 것이 아닐 수 없다.

결국 물질로서 존재하는 것이 아닌 생각을 만들어내는 우리 각자의 영혼만이 변하지 않는 유일한 존재이다.

내 마음의 거울 안에 모든 세상이 있다. 내가 마음대로 할 수 있는 세상이다. 모든 것은 그저 거울 안에서 벌어지고 있는 일들이라는 사실을 깨달아야 한다. 당신이 거울 밖으로 나오는 순간 거울 안의 세계는 당신에 의해 새롭게 태어나게 된다. 즉 당신이 창조자가 되는 것이다.

뇌는 이 놀라운 창조의 힘을 가지고 있다. 그리고 그것을 발휘하는 순간 뇌는 모든 것들을 통제하는 힘을 갖는다.

하지만 뇌는 또한 게으르기 그지없어 당신을 지옥의 한구석으로 몰아넣고 꼼짝 못하게 노예로 살아가게 할 수도 있다.

이렇게 상반되는 양면성은 뇌라는 통제실이 비어 있느냐 아니면, 조련사가 깨어서 통제하고 있느냐의 문제이다.

좀더 솔직히 말한다면, 그 통제실에 온전히 깨어 있는 조련사가 통제하고 있는 경우는 흔치 않다. 여러분에게 어떤 영감을 주는 훌륭한 사람이 있다고 하더라도 그의 통제실에 온전히 깨어 있는 조련사가 있다고 보기는 힘들다.

그 이유는 간단하다.

온전히 깨어 있다면 그는 이 세상의 존재가 아니기 때문이다.

우리는 다만 그것을 지향할 뿐이다. 이것은 마치 막대자석과 같다. 막대자석의 양끝은 N극과 S극으로 나뉘어져 있고 중간은 모두 조금씩 뒤섞여 있다.

그런데 누군가 막대자석을 반으로 잘라버리면, 원래 N극이었던 부분의 끝이 S극이 되고, S극의 N극쪽 끝이었던 부분이 N극이 되고 만다. 이것은 우리가 배운 지식으로 살펴보면 당연해 보이지만, 자석의 입장에서 보면 아주 이상한 일이며 일종의 배신이나 모순처럼 보여진다.

방금 전까지 N극의 영역이었던 부분이 S극의 최고 수준의 것으로 변한다는 것이 말이 되는 일인가? 이것은 마치 방금 전까지 기독교를 믿던 사람이 독실한 불교 신자가 되는 것과 같은 일이다.

그래서 나는 극단의 이야기를 하고 있다. 온전히 깨어 있는 조련사는 극단에 있는 존재라는 말이다. 그러므로 극단적인 이야기를 한다고 해서 내가 그 극단에 있다는 것도 아니고 어느 누구도 그 극단에 있을 수는 없다. 하지만, 모든 존재는 그 극단을 지향하고 있다.

이제 조금씩 그 극단의 베일을 벗겨보자.

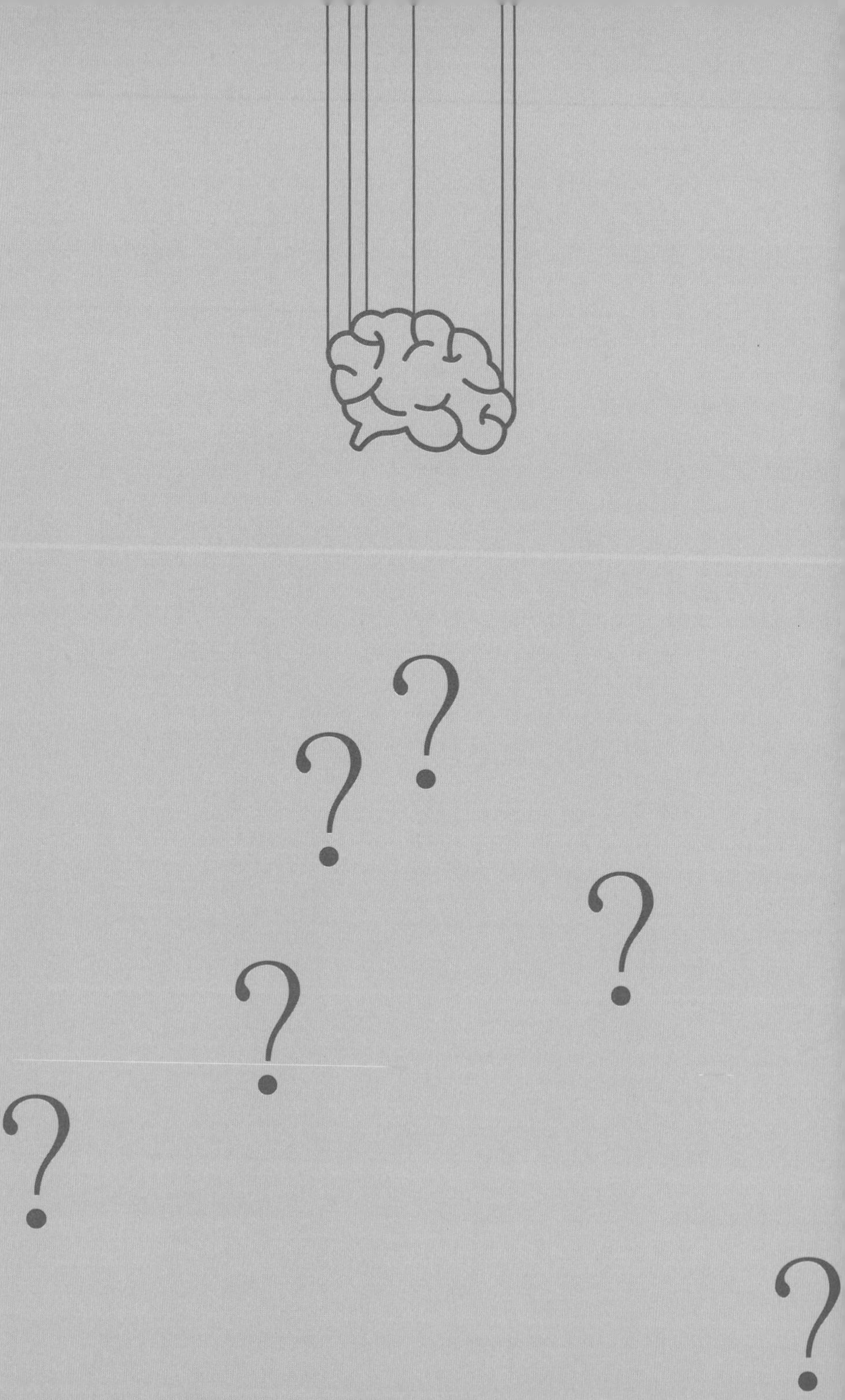

거울은 당신만 따라한다.
세상도 당신만 따라한다.
당신만 잘하면
세상은 당신에게 잘 할 것이다.

세상에서 가장 위험한 책 새/뇌/혁/명

Part 7.

내 뇌를 세척할 수 있다고?

내 뇌를 세척할 수 있다고?

앞서 살펴본 바와 같이 뇌는 거울이다.

이 거울은 모든 사람들이 가지고 있기 때문에 매우 혼란스럽다. 그리고 모든 세상을 이 거울을 통해 바라본다. 그런데 모든 거울이 다 정상은 아니다.

조금 더 솔직히 말한다면 정상인 거울은 없다.

어떤 할아버지가 운전을 처음 배워서 운전연수를 겸해서 낯선 도로를 운전하고 있었다. 할머니가 할아버지 걱정을 하면서 라디오를 듣고 있는데, 아 글쎄 할아버지가 나간 도로에 어떤 사람이 역주행을 하고 있다는 내용이었다. 할머니는 다급한 마음에 할아버지에게 전화를 걸었다. 그리고 조심이 운전하라고 말한다. 그러자 할아버지가 말한다.

“아이고, 한두대가 아니여, 웬 차들이 다 역주행이여”

우리는 모든 사람들에게서 이상한 점을 찾을 수 있다. 심지어 내가 사랑하고 좋아하는 사람들에게서조차 이상한 점이 없어서 좋아하고 사랑하는 것이 아니다.

이처럼, 나만 정상이거나 혹은, 나만 이상하거나 인 것 같다.
더 정확히 말하자면 모두가 비정상이다.

즉, 모든 사람들은 이상한 거울을 가지고 있다는 것이다.

그리고 그 이상한 거울에 비친 자신을 보면서 이상하게 되고 마는 것이 바로 인간 세상이다.

그래서 나는 뇌 세척하기를 거울을 닦는 것에 비유한다.

타인의 거울은 닦을 수 없으므로 오직 자신의 거울만 닦아야 한다.

이것을 집을 리모델링하는 것에 비유해보자.

그러면 맨 처음 해야 할 일은 철거 작업일 것이다. 뼈대만 남기고 모두 철거해야 그것을 다시 디자인할 수 있게 된다.

물론 부분 철거의 경우는 철거 대상들이 줄어들 수 있겠지만, 모든 것을 새것으로 바꾸고자 한다면, 뼈대만 남겨 둔 채 모든 것을 철거해야 더 좋은 디자인을 할 수 있을 것이다.

뇌도 마찬가지로 뇌를 새롭게 디자인하기 위해서 꼭 필요한 것이 있다면 당연히 철거작업이다. 하지만, 지금의 뇌를 형성하게 만든 무의식과 교육, 습관과 기억들은 철거를 하고 싶어도 철거할 수 없다. 그렇다면 어떻게 해야 할까?

뇌를 세척하는 방법은 물질세계에서 일어나는 것과 같은 방법으로는 할 수 없다.

다 뜯어내고 고칠 수는 없다. 하지만 뇌가 가진 신기한 능력을 활용하면 된다. 그것은 뇌가 관장하는 영역에 대한 이야기를 통해서 힌트를 얻을 수 있다.

이것은 전문가의 영역이 아니라 아주 일반적인 상식의 영역이다.

가령 젊은 날 죄를 저질러서 평생동안 감옥에 갇혀 살던 사람이 있다고 가정해 보자. 그의 뇌가 인식하는 영역은 어떨까? 그의 뇌가 인식하는 영역은 감옥 안이 다일 것이다.

일반인들의 영역과는 큰 차이가 있다는 것을 알 수 있을 것이다. 그렇다면 세계를 두루 여행한 여행자들의 뇌가 인식하는 영역은 어떨까? 당연히 다양한 경험들과 다양한 시각정보들이 들어와 그 영역은 매우 넓을 것이다.

우주 비행사가 우주 여행을 하게 된다면 그가 인식하는 영역은 어떨까?

코스모스로 유명한 칼 세이건이 나사에서 우주 탐사선을 발사하고 지구로부터 멀어지고 있을 때 나사에 제안한 것은 카메라 방향을 뒤로 돌려 지구를 촬영하자는 것이었다. 칼 세이건의 제안으로 '창백한 푸른 점'인 지구는 보이저 1호의 전원을 절약하기 위해 카메라 전원을 완전히 끄기 불과 34분 전에 촬영되었다

지구는 그야말로 점과 같았다. 그리고 우리는 알아야만 했다.

"우리는 작은 존재다"라는 사실을 말이다.

하지만, 그 순간 우리들 중에 어떤 사람은 그 작은 존재가 우주의 중심이며 온 우주를 바라보는 존재라는 사실을 깨닫게 되기도 했다.

그것은 "우리는 작은 존재다"라는 사실을 깨닫는 순간 얻게 된 "우리는 큰 존재다"라는 사실이었다.

우리의 뇌는 매우 극적인 반전이 있다. 뇌는 보는 만큼 커진다. 여러분이 퍼즐을 맞추는 것과 매우 유사하다. 아주 큰 그림의 퍼즐도 작은 조각들이 엮여서 만들어진다. 그리고 그렇게 맞춘 퍼즐이 또 하나의 조각이 되어 우리는 매우 큰 퍼즐을 맞춰간다. 그리고 그 퍼즐이 아무리 커져도 우리에게 충분한 시간만 주어진다면 그 퍼즐을 다 맞출 것이다.

이것이 당신이 할 수 있는 일이며, 당신만이 할 수 있는 일이다.

왜냐하면 당신은 당신만의 우주에 살고 있기 때문이다.

이제 뇌를 세척하러 가보자.

01 그래, 모든 것이 상징이었어

수학 문제에 머리를 싸매고 도움을 청하는 딸의 도움을 질문으로 막아내고 아빠가 딸에게 묻는다.

"그래, 어제 그 문제는 잘 풀었니?"

딸이 아빠가 도와주지 못해서 조금 섭섭하다는 뉘앙스를 다분히 담아 대답한다.

"겨우 풀었어요"

아빠가 말한다.

"그래, 너는 그 문제를 어떻게 풀게 되었니?"

딸은 고개를 갸우뚱거렸다. 아빠는 다시 물었다.

"아니, 내 말은 네가 그 문제를 원래는 몰랐는데 어떻게 풀게 되었냐고 묻는 거야"

딸은 조금 알겠다는 듯 대답한다.

"풀어야 되니까 풀었죠"

아빠는 의구심을 가지고 또 묻는다.

"아니, 아무리 풀어야 된다고 그냥 풀 수 있는 것은 아니잖아?"

딸이 귀찮은 듯 말한다.

"아니, 풀어야 되고, 안 풀리니까 풀고 싶잖아요. 그러니까 풀게 되죠"

아빠는 고개를 끄덕이며 말한다.

"그래, 너는 처음에는 그 문제를 푸는 방법을 몰랐고, 이제는 알게 되었구나. 그런데 그 중간에 네가 알게 된 게 하나 더 있는데 그게 뭔지 아니?"

딸은 한참을 고민하다가 말한다.

"제가 그 문제를 모른다는 거요?"

아빠는 기쁜 표정으로 말하며 묻는다.

"그래, 그렇구나. 너는 네가 모른다는 것을 알아냈고 마침내는 그 문제를 풀어냈구나? 그렇다면, 네가 모른다는 것을 알았다는 것은 무슨 의미일까?"

딸은 한동안 고개를 갸우뚱거리며 생각에 빠졌다.

그리고 한참 동안 생각한 끝에 말한다.

"제가 그 문제 푸는 방법을 모른다는 것을 받아들이지 않은 것 같아요"

아빠는 흐뭇한 미소를 지으며 말했다.

"그렇구나. 너는 그 문제를 푸는 방법을 모른다는 것을 아는 순간 그것을 모르는 것이 이상하다는 사실을 알게 된 거야. 그래서 네가 기억은 못하겠지만, 너에게 말한 거지 '네가 모를 리가 없어. 너는 알고 있어. 그게 뭔 지 생각해봐' 이렇게 말이야"

딸은 방긋 웃으며 아빠를 쳐다본다.

아빠는 계속해서 질문을 이어간다.

"그러면, 너는 그 문제를 어떻게 풀게 된 거니?"

딸이 조금 자신 있게 대답한다.

"네, 제가 모른다는 것을 알았기 때문에 그것을 극복하고 풀게 되었어요"

세상의 모든 앎은 이와 같이 생겨난다.

내가 지금 이야기하고 있는 것은 소크라테스의 이야기를 하고 있는 것이다.

과학의 발전에 기여한 많은 과학자들의 공통점은 그냥 열심히 공부하고 똑똑한 머리를 갖는 데서 그치지 않는다.

그들은 자신이 모른다는 것을 깨닫는 순간 그것을 극복해낸다.

그들에게 찾아오는 창의력은 자신의 한계를 경험한 순간 그것을 "그냥" 혹은 "원래 그런 거야"라는 핑계에 묻어버리지 않고, "왜?"라는 당찬 질문과 함께 바닥을 뚫고 아래로 내려간다. 그리고 기상천외한 방법들을 동원해 그것을 해결해 버린다.

그리고 그 해결은 아직도 멀었다. 아직도 무궁무진한 해결해야 할 의문들이 남아있다. 하지만, 그들은 지치지 않고 대를 이어 그것을 해결할 것이다.

그 해결의 동력원, 원동력, 그것은 바로 무지에 대한 자각이다.

무지에 대한 자각이 일어나는 순간 뇌는 가동되기 시작한다. 그리고 뇌가 가동되기 시작하면 세상은 변하기 시작한다.

이제 또다른 예를 하나 들어보자.

어느 날 딸이 자신의 방에 벌레 한 마리가 들어와 전등갓 안으로 들어가서 이리 저리 부딪히는 바람에 잠을 잘 수가 없었다며 투정을 부렸다.

다음날 아빠는 딸에게 묻는다.

"그 벌레는 왜 전등갓 안으로 들어왔을까?"

딸은 쉽게 대답한다.

"그냥 들어왔겠죠"

아빠는 지긋한 미소를 지으며 질문을 이어간다.

"그냥은 없어. 이유가 있었겠지. 네가 벌레가 한번 되어봐. 원래 없었던 거잖아? 밖에서 안으로 어렵게 들어왔겠지. 그리고 방안에서 전등갓 안으로 또 어렵게 들어갔겠지. 그 어려운 여정을 통해 아마도 벌레는 어떻게 되었을까?"

딸은 곰곰이 생각에 빠졌다가 대답했다.

"벌레는 잘 살아보려고 들어왔겠죠. 밝고 따뜻한 곳을 찾아서 들어와서 결국은 전등갓 안에 스스로 갇혀서 죽어버린 거죠. 바보같이…."

아빠는 딸의 이야기를 들으며 질문을 이어갔다.

"그래, 잘 알고 있구나. 아마도 네 말처럼 벌레는 그렇게 들어왔겠지. 자신이 죽을 거라고 생각하고 들어온 것도 아니야, 더 잘살아 보려고 들어온 걸 거야. 그렇지? 그러면 너는 그 벌레가 어떻다고 생각이 드니?"

"바보 같다는 생각이 들어요"

"그래, 벌레는 뭘 몰랐구나. 무지했구나? 그렇지?"

딸은 고개를 끄덕였다.

"그러면 너는 이제 그 벌레를 통해서 너의 삶과 연결해서 뭘 배울 수 있을까?"

딸은 가만히 생각을 하다가 말했다.

“음, 저도 벌레처럼 바보 같은 행동을 할 때가 있었던 것 같아요”

아빠는 흐뭇한 미소를 지으며 말했다.

“그래, 아빠도 그럴 때가 있었던 것 같구나. 더 잘해보려고 한 일이 나를 더 어렵게 만들었던 일 말이야. 그러면 그것을 뭐라고 할 수 있을까?”

딸이 말한다.

“저도 어리석다는 거요?”

아빠가 고개를 끄덕이며 말했다.

“그래, 그걸 전문용어로 무지에 대한 자각이라고 한단다.”

아빠는 질문을 이어갔다.

“그러면 벌레가 너의 무지를 깨워주었구나? 그러면 벌레를 뭐라고 하면 좋을까?”

딸은 웃으며 말한다.

“스승이네요”

아빠는 흐뭇한 미소를 지으며 다시 질문한다.“벌레가 너의 스승이 되기 위해서 특별히 한 일이 있는 거니?”

딸은 고개를 갸웃거리며 대답한다.

“아니요. 아무 일도 안 했죠”

“그런데 너는 어떻게 자각하게 되었니?”

“아빠가 질문을 하니까요”

그렇다. 벌레는 아무 일도 하지 않는다. 하지만, 벌레는 스승이 되고 만다.

우리 주변의 모든 것들은 사실은 상징일 뿐이다.

당신에게 짜증을 내고 있는 가족, 당신을 비난하는 친구, 당신에게 돈을 빌려서 갚지 않는 지인, 당신이 타고 다니는 차, 혹은 당신이 보고 있는 빌딩, 산, 길, 그 모든 것들은 상징일 뿐이다.

왜냐하면, 그 모든 것들이 모든 사람에게 똑 같은 존재로서 존재하지 않기 때문이다. 그것들은 사람마다 다른 존재로서 인식될 것이다. 우리의 뇌는 극단적으로 움직인다.

모든 물질은 그냥 물질로써 받아들이며 그것에서 아무런 의미를 찾지 못하고 나의 소용과 관련해서만 인식하는 것이 한 극단의 인식이다.

이제 여러분이 눈치챈 것과 같이 이것은 통제실에 주인이 없는 호랑이의 뇌이다.

이것은 오직 욕망을 충족시켜야 돌아가는 욕망의 전차와 같다.

또다른 극단은 모든 물질을 물질로서만 보는 것이 아니라, 상징으로 보며 자신을 성장시키는 도구로서 그 의미를 찾아내는 극단의 인식이다.

이곳은 조련사가 눈을 뜨고 욕망의 전차가 파멸을 향해 속도를 높이고 있을 때 그 전차를 피안의 길로 인도하는 것과 같다.

그렇다면, 무지의 자각으로 앎은 어디까지 진화할까?

앎의 발전은

무지 =〉 무지의 자각 =〉 앎

이렇게 이어진다. 하지만 앎은 끊임없이 다시 무지와 만나게 되고 무지를 만날 때마다 다시 그것을 자각하기만 하면 앎으로 이어진다.

이렇게 끝없는 앎이 지향하는 곳은 어디일까?

그곳은 아마도 궁극의 앎이 기다리고 있을 것이다.

그 궁극의 앎의 자리에 있는 존재가 있다면 그는 누구일까?

그가 누구인지는 당신이 알 것이다.

그렇다면, 당신이 향한 그 길이 어디인지도 당신은 알 것이다.

그 궁극의 앎에 이르게 하는 도구, 그것은 다름 아닌 무지의 자각이다.

나는 이 무지의 자각을 지혜라고 부른다.

그러므로 지혜는 교만과는 멀고 겸손과는 가깝다.

그러므로 요란하지 않고 조용하고 평온하다.

그러므로 그는 가만히 있지만 자유롭다.

02 내 뇌의 통제실을 넓혀볼까?

이렇게 뇌가 상징을 이해하는 주체가 되는 자신을 욕망의 전차로 만들어 불로 뛰어드는 일을 멈추게 될 것인데 이때 일어나는 일을 나는 통제실의 확장이라고 부른다.

뇌가 바깥 세상에 집중해 있을 때 뇌는 이상하게도 넓어지지 않고 수축된다.

이때의 뇌파는 불안정해지며, 오히려 자신에게 집중할 때 편안해진다.

이것은 참 이상한 일이다.

과학자들 중에 자살률이 가장 높은 집단이 천문학자들이라고 한다. 그들은 광활한 우주를 관찰하며 '참을 수 없는 존재의 가벼움'을 느끼는 것 같다.

뇌의 작용은 이처럼 극단적이다.

어떤 뇌는 광활한 우주를 보며 경이로움과 평온함을 느낄 수도 있고, 어떤 뇌는 스스로를 죽일 수도 있다니 참 아이러니 하다.
그러므로 뇌과학이 이야기하는 뇌는 그 너머의 뇌를 생각해야 할지도 모른다.

똑똑하고 긍정적인 뇌를 갖는 것 이상의 의미가 뇌에 존재한다는 것을 알아야 뇌과학이 가져야할 목표와 근접하지 않을까?

뇌는 확장된다.

위에서 예로 들었던 것과 같이 뇌는 무한히 확장된다.

만약 당신이 빛의 속도의 우주선을 타고 우주여행을 하면서 우주의 끝을 경험한다면 뇌는 그만큼 확장할 것이다.

당신에게 우주의 시작이었던 빅뱅에서 지금에 이르기까지의 이야기를 들려준다면 당신의 뇌는 137억년 동안 그것을 지켜본 것처럼 느낄 정도로 뇌는 확장될 것이다.

뇌의 한계는 없다.

이렇게 물리적 의미에서의 확장이 뇌에 의미 있는 것이 아닌 것처럼, 뇌는 정신적 의미에서 확장한다. 그런데 위의 거울의 단계에서 알아본 것처럼, 뇌의 차원이 다를 수 있기 때문에 확장 자체가 큰 의미를 갖는 것은 아니다. (차원 높은 뇌가 의미 있다)

왜냐하면, 살펴본 바와 같이 뇌는 자신을 지배하는 것이 아니라, 세상을 지배하는 것을 목표로 갖는 궁극의 존재이기 때문이다.

세상에 대한 지배영역을 확장하기 조련사는 뇌의 통제실의 장악하는 영역을 확장해 나가게 되는데, 이때 통제실의 장악의 정도가 세상에 대한 지배력과 비례하게 된다.

조금 이상한 말이지만, 이것을 게임으로 비유하자면 컴퓨터 게임을 하는 사람이 게임을 잘 장악하기 위해서 먼저 해야 할 일은 자신의 능력을 확장하는 일이라면 조금 이해가 될 수 있을 것이다.

결국 뇌가 지배하고 싶은 것은 세상인데, 세상은 뇌가 지배된 만큼 지배된다는 말이 된다.

그런데 호랑이의 뇌, 즉 비어 있는 통제실은 세상과 대립하며 그것을 정복하고자 한다. 그렇기 때문에 번번히 실패하게 된다.

하지만, 조련사가 통제하는 뇌는 다르다. 조련사는 뇌를 먼저 정복한다. 그리고 뇌를 확장시킨다. 그러면 그가 지배하는 세상은 아무런 저항 없이 그의 지배하에 들어온다.

이제 조련사가 기존의 뇌를 리모델링 하기 위해 철거하는 작업, 사실은 철거가 아니라, 공간을 확장하는 방법에 대해서 알아보자.

첫번째 그가 사용하는 방법은 관찰의 방법이다.

조련사는 세상을 향했던 시선을 자신에게 돌린다. 그는 이미 알고 있다. 세상은 원래부터 통제의 대상이 아니라는 사실을 말이다.

그래서 세상은 관찰의 대상이 아니라는 사실을 이미 알고 있는 것이다. 그래서 그는 자신을 관찰하는데 시간을 할애한다. 그는 그의 움직임을 관찰한다. 그의 걸음걸이, 그의 손이 하는 일을 관찰한다. 그리고 급기야 그는 자신의 호흡을 관찰한다.

그러는 동안 아이러니 하게도 그는 평온해진다. 세상을 평온하게 하려고 세상에 뛰어들어 세상도 망치고 자신도 망치던 바보 같은 오류를 피하게 된다.

그가 평온을 느끼는 동안 그의 뇌는 깊은 파동을 갖게 된다. 그 파동은 자신의 뇌를 평온하게 만들고 매우 활성화시킨다.

세상의 지배력이 강해지고 있는 것이다.

이것은 모두가 잘 알고 있는 명상이다. 명상은 바로 이런 이치에서 일어난다.

참 신기한 것은 자신의 영역이 넓어지면 넓어질수록 자신이라고 믿었던 영역이 허물어지며 세상과 일치하는 나를 경험하게 된다.

두번째 그가 사용하는 방법은 질문의 방법이다.

이것은 첫번째 방법보다 더 의식적이다.

그리고 언어화 되기 때문에 훨씬 더 구체적이다. 물론 이 두 가지는 하나이기도 하다. 즉 명상의 한 방법이라고 생각해도 된다는 것이다. 하버드에서 대학을 다니던 푸른 눈의 대학생이 큰 스님의 질문 하나에 출가해 한국의 스님이 되신 일화는 유명하다. 이때 그 큰스님의 질문은 “나는 누구인가?”이다.

자기 존재에 대한 이 질문이 푸른 눈의 대학생의 뇌에 들어가고 자신의 질문이 된 것이다.

그리고 그 질문은 작용을 일으키게 된 것이다.

질문은 뇌 속 구석구석에 숨어있던 망상들을 뇌의 바깥으로 내쫓는 역할을 한다.

근본적인 질문을 만나게 되는 순간 그것은 어두운 방안에 불을 켜는 것과 같이 어두운 통제실을 밝힌다.

이렇게 밝혀진 통제실에 조련사가 등불을 들고 움직이는 곳마다 공간이 생긴다.

끝없이 펼쳐진 공간, 그 안에서 그는 평온과 자유를 느끼게 된다.

이것은 뇌의 편도체에게는 매우 불편한 상황일 수도 있다. 그래서 편도체는 “왜 쓸데없는 짓을 하고 그래?”라며 두려워할 수도 있다. 편도체는 호랑이이다.

하지만, 이 확장은 망상활성계의 그물이 세상 전체에 펼쳐질 수 있다는 이야기이며, 이때 확증편향은 더 이상 의미 없는 것이 된다.

세번째는 배우는 것이다.

나는 연세대 교육대학원의 이상오 교수님과 함께 책을 쓴 적이 있다. 그와의 대화는 언제든지 재미있다. 나는 그에게 감히 이렇게 질문했다.

"교수님, 이거 하나만 가르치면 모든 것을 가르칠 수 있는 게 있다면 그게 뭘까요?"

교수님은 아시는지 모르는지 나에게 다시 물었다,

"그게 뭡니까?"

나는 대답했다.

"배우는 법입니다. 배우는 법만 가르치면 모든 것에서 배울 수 있는데 배우는 법을 못 가르쳐서 사람들이 가르치려고만 드는 거죠"

그는 활짝 웃으며 말했다.

"아니, 그걸 어떻게 알았어요? 근데 그걸 어떻게 가르칩니까?"

물론 그는 알고 물었지만, 나는 대답했다.

"그건 아주 간단합니다. 배워주면 됩니다. 배우는 방법을 가르치는 제가 아는 유일한 방법은 배우는 방법밖에 없는 것 같습니다"

나의 지론 중의 하나는 "훌륭한 선생님은 존재하지 않는다"이다.

그 이유는 이렇다.

어떤 훌륭한 선생님 아래서 공부를 해도 이상한 학생이 있다. 그리고 반대로 어떤 이상한 선생님 아래서도 훌륭한 학생이 존재한다. 만약 훌륭한 선생님 아래서 배우면 훌륭한 학생이 된다면 이런 일이 생기면 안되는 것이다.

그래서 내가 내린 결론은 "학생만 훌륭하면 우리는 어떤 선생님을 만나도 된다"는 것이다.

배움의 뇌를 갖게 되면 뇌는 확장된다. 왜냐하면 그에게는 좋은 것과 나쁜 것이 존재하지 않기 때문이다. 그에게는 진리나 정의가 존재하지 않는다. 모든 것은 그냥 자신을 바로잡는 도구에 불과하다. 모든 것은 거울이기 때문이다.

그는 모든 거울을 통해 자신을 다듬을 뿐이다.

그렇기 때문에 그가 사는 세계는 그의 영역으로 확장된다.

그래서 그는 평온하고 겸손하며 자유로울 수 있다.

이것은 굳이 나이를 많이 먹는다고 되는 일이 아니지만, 나이를 많이 먹은 사람 중에 갖게 되는 경우도 있다. 그것은 진정으로 나이를 먹는 다는 것의 의미를 알 수 있는 이야기가 될 수도 있다.

네번째는 감사하는 것이다.

감사에 대해서는 아래에서 자세히 다룰 것이기 때문에 이곳에서는 간단하게 하겠다.

감사를 하는 동안 뇌는 감사를 찾는 습관이 생기게 된다. 그는 평소 확증편향으로 갖게 되었던 비판 거리들을 집에 들고 들어와 자신의 삶을 온통 쓰레기장으로 만드는 대신에 감사할 거리들을 들고 들어와 자신의 집을 치장하게 될 것이다.

그런데 재미있게도 아무리 가지고 와도 그 집, 그 뇌를 다 채우지 못하게 될 것이다.

그것이 진정한 확장이 되는 것이다.

비판과 부정을 가지고 들어왔을 때는 그 지독한 냄새들로 뇌가 꽉 찬다. 그래서 아무리 찾아도 찾을 수 없는 고약한 냄새들로 가득 찬 자신의 방을 이상하게 생각하며 괴로워하는 것이 호랑이의 삶이다. 그래서 그는 자신의 공간이 넓다는 것을 알아차리지 못한다.

그렇지만, 감사는 뇌의 공간을 넓히며 향기로 가득 채운다.

질문과 배움과 감사, 그리고 명상으로 넓어진 통제실, 그 안에서 늘 그것들을 찾아다니며 자신의 우주를 가꾸는 정원사의 평온함 그것이 바로 당신이 있어야 할 자리가 아니겠는가?

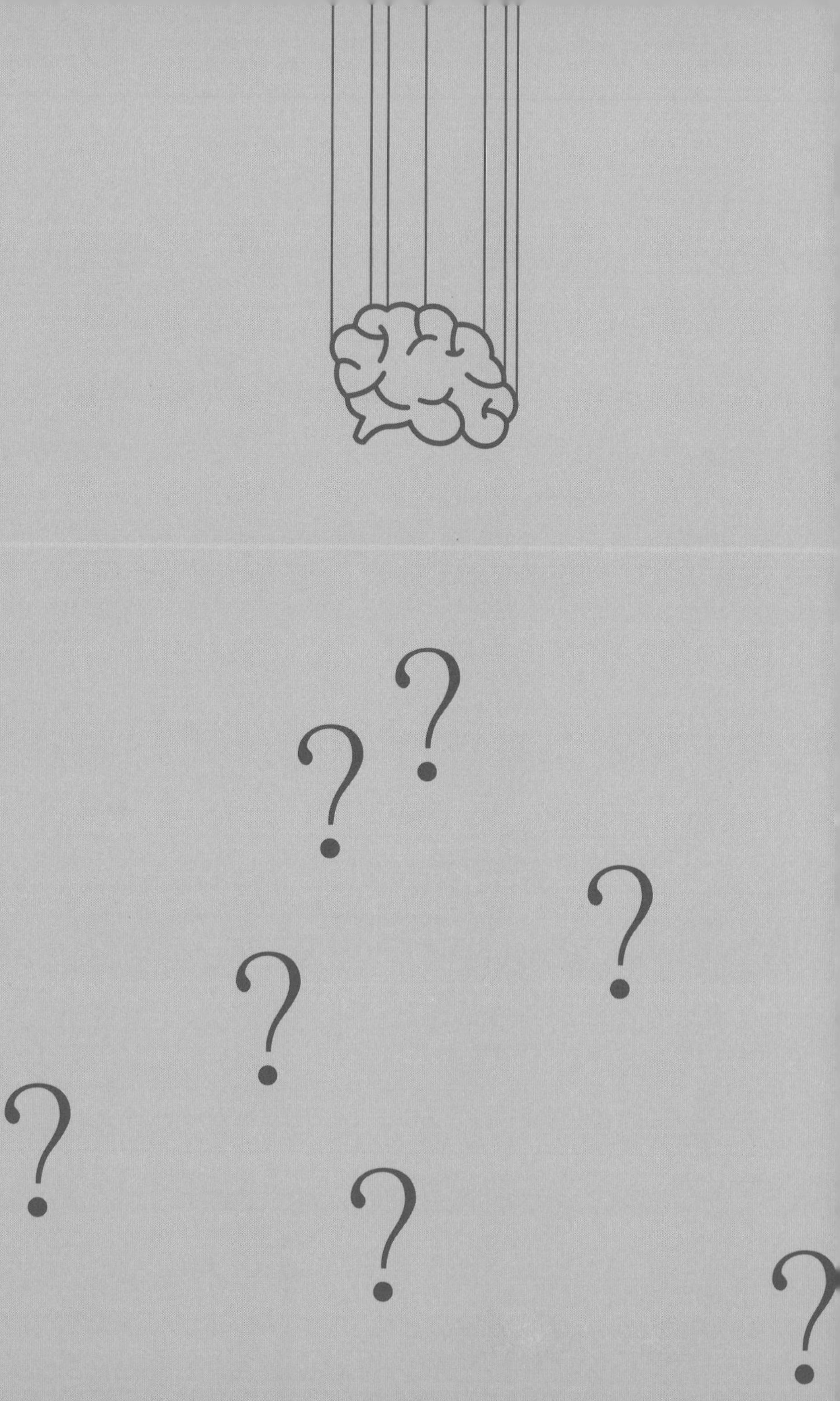

거울이 더러우면
당신이 더럽게 보인다.
착각하지 말고,
속지 말고,
거울을 닦는 방법을 익혀라

세상에서 가장 위험한 책 새/뇌/혁/명

Part 8.

내 뇌를
디자인해 볼까?

내 뇌를 디자인해 볼까?

이제 뇌의 철거, 공간이 만들어졌다면 본격적으로 새로운 디자인을 할 때가 되었다.

솔직히 말한다면, 건물의 리모델링은 모든 것이 철거된 뒤에 할 수 있고, 또 이미 철거된 것들이 걸리적거려서 리모델링을 방해하지도 않는다. 하지만, 뇌를 디자인하는 것은 조금 다른 차원이기 때문에 어려움도 많다.

그중 첫번째 어려움은 모든 것이 철거되지 않는다는 것이다. 그래서 당연히 사라졌으면 좋겠다고 생각했던 것들, 혹은 진짜 더 이상 남아 있지 않다고 생각했던 것들이 끊임없이 올라온다는 것이다. 그리고 순식간에 다시 자리를 잡고 자신을 옥죄일 수 있다. 그래서 매번 처음처럼은 아니지만, 청소가 필요하다.

두번째 어려움은 사는 동안 더 큰 자극들이 온다는 것이다. 지금까지 당신이 겪었던 일을 바탕으로 이루어진 뇌의 구조와 그 안에서 그것을 소화해낼 만한 체력으로 구성되었고 그에 맞게 설계된 디자인인데 더 큰 충격, 예컨대 사랑하는 사람과의 이별이나 사업의 실패, 동료의 배신 등 걷잡을 수 없는 폭풍 같은 것들이 지금 새로 디자인된 통제실을 공격할 것이다.

하지만 유념해야 할 점은 어떤 큰 일보다 더 큰일이 바로 통제권을 잃는다는 사실이라는 점을 명심하면서 하나씩 훈련해가다 보면, 위의 두 가지 위협을 잘 극복할 수 있을 것이라 본다.

01 먼저 충분한 공간을 만들어야 해

유태인이자 정신과 의사인 빅터 프랭클은 나치 독일의 유태인 수용소에서 상상도 할 수 없는 고통을 겪으며 작은 감방에서 발가벗겨진 채로 갇혀 있게 되었을 때 아무도 빼앗을 수 없는 것이 바로 인간이 가진 마지막 자유라는 것을 자각하며 이 말을 남긴다.

"자극과 반응 사이에는 공간이 있다"

여기서 이야기하는 공간과 위의 장에서 이야기하는 공간은 같다고 보아도 된다. 다만 내가 임의적으로 구분컨데, 지금 우리가 이야기하는 공간은 매 순간 일어나는 자극에 대응해서 우리가 펼쳐 나가야 할 국지적 공간의 이야기로 알아듣는 것이 편할 것 같다.

보통의 사람들은 자극이 일어나면 반응을 한다.

여러분이 자극에 반응하는 것을 한번 살펴보면 잘 알 수 있다.

누군가 여러분을 무시하면 여러분은 어떻게 반응하는가?

아마도 대부분이 기분이 나쁠 것이다. 얼마나 빠른 속도로 기분이 나쁠까?

아마 빛의 속도를 초월해서 기분이 나쁠 것이다.

그리고 얼굴이 붉어지고 당신을 무시했던 사람에게 화를 내게 될지도 모른다.

여러분이 자극에 반응하는 것이 잘못된 것은 하나도 없다. 너무나 당연한 일이다.

그렇다면 여러분이 불행해지는 일이 매우 당연한 일이라는 설명이 되어버린다.

뭔가 이상한 일이 벌어지고 있다는 사실을 우리는 발견해야 한다.

1979년 UC 데이비스의 생리학 교수인 벤자민 리벳은 아주 특별한 실험에 도전했다. 자유의지의 존재를 과학적으로 검증하기 위한 실험이었다. 그는 EEG라고 하는 뇌전도계를 피실험자의 머리에 설치하고 EMG라고 하는 근전도계를 몸에 설치한 후 버튼을 누르고 싶은 생각이 드는 순간에 버튼을 누르게 했다. 그리고 양쪽의 시차를 기록했다. 실험이 반복되면서 의외의 결과가 나타났다. 의식에 비해 행동이 늘 5분의 1초 정도 앞서서 일어나는 것이었다. 이 실험은 뉴로사이언스 학계에 논란의 불씨를 당겼으며 그 결과 유명한 말을 남기게 되었다.

'우리의 의식은 한 번도 의사결정과정에 참여한 적이 없다.'는 것이다.

의학계에 보고된 바에 따르면 우리의 뇌뿐만 아니라 심장도 의식을 가지고 있다고 한다. 뇌가 위험을 인지하기 전에 심장이 먼저 위험이 닥치는 것을 감지하고 빠르게 뛰기 시작한다는 것이다. 이 실험은 시사하는 바가 크다. 행동이 의식에 앞서는 것이 어쩌다가 가끔 일어나는 것이 아니라 평생 늘 일어나는 일이라는 것을 말해주기 때문이다. 결국 우리는 필연적으로 행위가 일어나고 난 뒤에야 그것을 인식하고, 행위가 어떤 결과를 초래한 뒤에야 그것을 후회하면서 객관적인 판단을 하게 되는 존재라는 것이다.

그러나 우리가 어떤 행동을 하는 데는 단순히 '하고 싶다'는 감정만 관여하는 것은 아니다. 뇌는 계획을 하고, 실행순서를 정하고 그 다음에 우리는 그에 따라 행동을 한다. 때로는 계획의 결과를 예측해보고 계획을 수정하기도 한다. 그런데 이 모든 과정의 대전제는 뇌가 사고를 한다는 것이다. 과연 뇌는 우리가 상식처럼 알고 있는 대로 생각하고 기억을 저장하는 역할을 수행하고 있는 걸까?

1980년 영국 셰필드대학교 재단병원에 마크라는 이름의 남자가 찾아왔다. 머리가 너무 커진 것 같다는 것이 이유였다. 그런데 그의 뇌 CT를 촬영한 담당의사 존 로버는 경악을 금치 못했다. 뇌가 있어야 할 자리에 뇌척수액밖에 없었던 것이다. 뇌척수액을 합한 뇌의 무게는 고작 300그램밖에 되지 않았다. 그는 심각한 뇌수종에 걸린 상태였다.

사실상 마크는 뇌가 없는 것이나 마찬가지였다. 그런데 그보다 더 놀라운 것은 그의 지능이 126으로 평균보다 높았고, 명문 셰필드대학교 수학과에 재학 중이었다는 사실이었다. 존 로버는 이와 비슷한 경우가 또 있을지도 모른다는 생각에 다른 뇌수종 환자들을 조사해보기로 했다. 그 결과는 매우 놀라웠다. 조사대상자 600명 가운데 60명이 뇌의 95%가 없는 상태였지만 그중 절반은 너무나 정상적인 생활을 하고 있었다. 이 연구결과는 1980년 사이언스지에 '당신의 뇌는 꼭 필요한가'라는 제목으로 실렸다.

〈2020, "니 마음대로 사세요(박이철)"특별한 서재"〉

위에서 살펴본 바와 같이 여러분은 무죄다. 여러분의 통제실, 즉 뇌가 관여하기도 전에 여러분의 행위는 일어나 버렸기 때문에 모든 사람들은 무죄다.

그런데 무죄인 이 많은 사람들이 왜 불행이라는 벌을 받으며 살아야 될까? 만약 그럼에도 불구하고 이 모순을 극복할 방법이 없다면 어쩌겠는가 그냥 그렇게 살아야 하지 않겠는가?

하지만, 우리는 이 이상한 세상에서 탈출하는 방법을 알고 있다.

과학의 발달은 현미경과 관련이 깊다. 육안으로 보이지 않던 것을 보게 되니 그 기전을 알게 되고, 작용을 알게 되니 작용에 관여하게 되었다.

스포츠에서 오심이 일어나는 것을 방지하기 위해 도입된 것이 비디오 판독이다. 이는 매의 눈을 가진 심판도 놓칠 수 있는 빠른 움직임을 영상을 느리게 돌려 자세히 보는 것이다.

그러면 자연스럽게 모든 것을 보게 되고 그것을 통제하게 된다. 그래서 우리는 우리에게 일어난 자극을 현미경과 슬로우 모션을 통해서 분석해 보려고 한다.

먼저 현미경을 사용해서 우리에게 일어난 이상한 일을 들여다보자. 누군가 당신을 무시했다면 당신은 당연히 화가 날 것이다.

하지만, 만약 당신이 물질적인 존재라면 무시하는 일 때문에 왜 화가 날까? 당신의 육체에 어떤 위해를 가한 것도 아닌데 말이다.

당신은 정신적 존재이기 때문에 화가 난 것이다. 그렇다면 당신을 진짜 화나게 한 것은 무엇일까?

그것은 그의 무시함이 아니라, 당신의 기대가 당신을 화나게 한 것이다.

당신의 기대가 낮았을 때는 화가 덜 난다. 그래서 당신은 당신과 가까운 사람에게 화가 더 자주 나는 것이다. 그렇다면 당신은 왜 기대했을까? 그것은 당연히 행복하고 싶어서이다.

그러니까, 당신은 행복하고 싶어서 기대하고, 기대해서 화가 나고, 화가 나서 불행해진 것이다.

결국, 당신은 행복하고 싶어서 불행해진 것이다.

그래서 나는 말한다. 우리 모두는 불행할 준비가 되어있다고 말이다.

현미경으로 들여다보니 우리의 감정의 메커니즘은 모순 그 자체이다.

그래서 이제 슬로우 모션을 한번 보자.

1. 당신은 당신이 좋은 존재이기를 기대했다.

2. 상대는 당신을 무시했다.

3. 당신은 이상한 느낌을 받았다.

4. 그리고 당신은 화가 난다.

5. 화를 냈다.

6. 함께 불행해졌다

이렇게 당신에게 일어난 불행의 과정을 펼쳐 놓고 보니 조금 더 이해가 편해졌지만, 헛웃음이 나올지도 모른다. “내가 이렇게 바보 같았다니….”하면서 말이다.

자, 1번부터 6번까지에서 당신이 이 결과를 바꿀 수 있는 여지가 있는 곳은 어디일까?

대 부분의 사람들은 6번 이후에야 후회하며 반성하고 다시는 그러지 말아야지 라며 다짐하지만 곧 다시 1번부터 시작한다.

아래로 갈수록 통제하기 힘들다.

반대로 위로 갈수록 통제하기 쉽다.

그래서 1번, 즉 당신의 기대를 통제하면 아래의 일들은 일어나지 않는다.

1번을 통제하는 방법은 평소의 명상이나 배움, 감사찾기 등을 통해서 이루어진다. 하지만, 1번은 매우 본능적이라 너무도 쉽게 우리에게 펼쳐진다. 아무리 노력해도 다 막아내기 힘들다. 그리고 1번과 2번은 동시에 일어난다. 1번이 높으면 2번은 어떤 상황에서도 일어날 수 있기에 뗄래야 뗄 수가 없다.

하지만, 당신에게 걸러질 수 있는 최후의 보루가 있다. 그것은 3번이다.

3번은 아직 4번으로 가기 전이다.

4번으로 가기 전에 3번을 알아차리는 것, 그것이 관건이다.

3번이 바로 자극이다.

이 자극이 일어난 순간을 알아차리게 되면, 공간을 만드는 것이 가능하다.

3번을 알아차리는 순간 여러분에게 추천하는 것은 바로 "정지버튼"이다.

이것은 내가 임의로 만들었는데 그 효과가 매우 탁월했다.

이 버튼은 당신의 손바닥 한가운데에 있고, 이것을 누르면 당신의 모든 감정이 일시에 정지되었다고 생각하면 된다.

물론 이것을 미리 눌러서 기대가 일어나지 않게 도울 수도 있고, 3번이 예상되는 상황에서 미리 눌러 두고 있는 것도 중요하다.

하여간 3번의 상황이 되면 여러분은 당신의 손바닥 한가운데의 정지버튼을 반대편 손가락으로 누르면 된다.

그리고 모든 것이 정지되었다고 생각하자.

당신의 감정, 느낌, 그리고 당신의 생각, 당신의 행동, 모든 것을 이 버튼 하나로 정지시킬 수 있다.

이것은 가상의 버튼이지만, 신기하게도 수많은 사람들의 삶을 불행에서 행복으로 이끌어주었다. 그래서 나는 이 버튼을 불행 정지버튼이라고도 부른다.

이렇게 당신이 정지버튼으로 당신의 모든 것을 정지시키는 동안 아주 이상한 일이 일어난다.

그것은 다름 아닌 세상이 정지한다는 것이다.

당신을 괴롭히고 고통스럽게 했던 모든 것들마저 모두 정지한다.
너무도 신기한 일이 아닌가?

그러니까 사실 뇌는 당신의 몸의 통제실이 아니라, 당신이 사는 세계의 통제실인 것이다.

이렇게 정지버튼을 누르게 되면 일단 시간이 정지되고, 시간이 정지되는 순간 당신에게 공간이 펼쳐진다. 그 공간은 당신의 역량만큼 펼쳐질 것이다. 그리고 그 공간이 넓은 만큼 당신은 편해질 것이다.

당신이 정지버튼을 누른 후 당신의 반응은 그렇게 하지 않을 때와 비교해서 어떨까? 그것은 사뭇다를 것이다. 그만큼 당신의 불행도 줄어들 것이다.

이제 당신이 만든 공간에서 벌어질 일에 대해서 알아보자.

〈정지버튼, 박이철 저, 형설출판사, 2021.〉에서 자세히 나와 있으

며, 정지버튼은 플레이스토어나 앱 스토어에도 무료로 들을 수 있도록 만들어져 있다〉

02 그러면 공간에서 이런 일들이 일어나지

이렇게 만들어진 공간에서는 어떤 일이 일어날까?

이 공간은 개인마다 천차만별의 공간일 것이다. 그리고 어떤 사람들은 이 공간을 우주만큼 키울 수도 있고, 어떤 사람들은 빈틈조차 찾을 수 없이 좁을 수도 있다. 아이러니 하게도 많이 배운 사람일 수록 이 공간이 좁을 수 있다는 것이다. 이 책이 이야기하는 것을 누구보다 잘 알고 있고 이해한다고 생각하는 사람도 이 공간이 없을 수 있다는 말이다. 이것이 인간만이 가진 매력이자 세상이 불공평하다고 탄식할 필요가 없는 증거이다.

얼마나 신기하고 재미있는 일인가?

어떤 사람이 산중에 들어가서 30년 동안 도를 닦다가 내려오니 주변 사람들이 도대체 무엇을 깨달았느냐고 물었다.

그랬더니 그가 하는 말이

"호보연자에 심조불산이요"라고 하더란다.

그래서 매우 심오한 뜻이라고 생각하고 질문하던 사람이 다시 물었다.

"그게 도대체 무슨 뜻입니까?"

그가 하는 말이

"산불조심, 자연보호"라고 하더란다.

물론 우스갯 소리다. 하지만, 나는 참 의미 있는 말이라고 생각한다. 여기의 불을 화로 해석하기 때문이다. 화를 못 다스리면 자신이 속한 모든 세계를 불태우게 된다. 이런 일들은 뉴스에서 흔하게 보는 일이다. 그렇다면 과연 그는 모두를 태우고 무사할 수 있을까? 불을 지르는 사람들의 공통점은 모든 것을 태우고 자신은 타지 않을 것이라는 생각이 있을 수 있다.

하지만, 그것은 큰 착각이다. 모든 것을 태우기 전에 자신이 먼저 타버린 것이다.

이렇게 정지버튼을 누르면 만들어진 공간에서 불은 꺼져버린다.

공간이 생기는 순간 불이 태울 것들이 사라지기 때문이다.

어떤 사람들은 정지버튼으로 슬픔을 정지시키기도 한다.

한 여자가 젊은 나이에 남편을 잃고 장례식장에서 울고 있다.

이 슬픔의 진정한 의미는 무엇일까?

그녀는 이렇게 울고 있다. "나는 어떻게 살라고….."

죽은 자는 죽으면 그만이다.

모든 슬퍼하는 자는 죽은 자를 위한 슬픔의 눈물을 흘리는 것이 아니라, 자신이 죽은 자 때문에 살기 힘들다고 우는 것이다.

참 웃픈 일이다.

죽은 자 때문에 왜 살기 힘든가? 죽은 자는 없다. 그 때문에 살기 힘들면 안된다. 그것은 자신의 삶이 얼마나 독립적이지 못했는가를 고백하는 슬픔이기도 하다.

솔직하게 모든 인간은 그냥 자신을 위해서 살아간다.

그것을 솔직하게 받아들일 때 우리의 삶은 독립할 수 있다.

그리고 더 나아가 진정 나를 위한 삶이 남을 위한 삶인 것을 이해할 수 있게 된다.

그렇다고 죽은 자를 애도할 필요가 없다는 말을 하는 것이 아니다. 정도를 넘어간 애도가 자신을 망치게 두면 안된다는 것이다.

그래서 정지버튼이 만든 공간에서 그는 슬픔 대신에 겸허함을 느낄 수 있게 된다.

모든 사람은 돌아가기 때문에 어떻게 살아야 하는지를 알게 되는 것이다.

어떤 사람은 두려움 때문에 자신의 삶을 송두리째 발목 잡혀 사는 경우도 있다.

하지만, 이 정지버튼은 두려움을 정지시키고 그것을 극복하게 한다. 그리고 두려움의 대상위에 우뚝 서서 더 높은 곳에 도전하게 된다.

공간이 확보되지 못하면 감히 할 수 없는 일을 그는 해내게 된다.

두려움은 더 이상 나를 못 움직이게 하는 것으로 증명되는 것이 아니라, 전리품으로 나의 승리를 알리게 된다. 우리는 계속해서 그렇게 해왔다.

정지버튼은 그 두려움을 알아차리고 누르는 그것이다.

그리고 정지버튼을 누르는 순간 생긴 공간에서 두려움의 이야기를 듣게 된다.

"나는 딛고 올라가야 해, 그래야 더 큰 너를 만나게 되는 거야"

이처럼 당신의 삶 곳곳에서 정지버튼은 작동하게 될 것이고 그것이 만들어낸 공간에서 당신은 내가 이야기하지 못한 수많은 것들을 증명해 낼 것이다.

03 질문으로 디자인해볼까?

뇌를 디자인하는 가장 좋은 방법은 질문이다.

나는 2021년 2월 12일 KBS 다큐채널, 다큐온 에서 "감사가 뇌를 바꾼다"는 프로그램에 출연했다.

원래 이 다큐의 제목은 "질문이 뇌를 바꾼다"로 계획되었다가 우여곡절 끝에 설날이고 하니까, 좀 소프트하게 가자는 의견을 받아들여 "감사가 뇌를 바꾼다"로 바뀌었다.

나는 이 다큐를 위해 김해 율산초등학교의 동의를 받아 선생님들에게 6가지 질문을 알려드리고 그 질문을 아이들에게 해주기를 청했다.

그리고 12주 동안 선생님들은 아이들에게 내가 알려준 6가지 질문을 했다.

12주 후 그 결과는 놀라웠다.

물론 그중 일부만 방송되었지만 말이다.

그들을 사전 사후 평가한 결과, 그들의 뇌피로도는 17.8%가 개선되었고, 자존감 지수는 7.8%, 자기주도력은 2%, 더 관심있는 결과는 수학 성적이 19.8% 향상되었다는 것이다.

단지 질문만으로 어떻게 이런 일이 생겼을까?

그것은 질문이 뇌를 디자인하기 때문이다.

그래서 아래에서는 질문이 뇌를 어떻게 디자인하는지를 알아보려고 한다.

(이 부분이 가장 긴 부분이지만, 뇌를 디자인하는 도구로서의 질문의 비밀을 다루고 있어서 이 장에 편입했고, 구분을 위해 각주는 가. 나. 다로 따로 붙여 갔다.)

가. 질문 - 모든 것의 열쇠

지식은 어디로부터 왔을까?

지금의 우리는 지식이 컴퓨터나 책으로부터, 혹은 선생님이나 선각자들로부터 왔다고 생각한다.

물론 맞는 말이다. 하지만, 내가 묻는 질문은 태초의 우리의 지식에 대해서 묻는 것이다. 태초의 우리의 지식은 도대체 어디서 왔을까?

예를 들어, 현생인류의 조상으로 알려진 네안데르탈인의 시조가 있었다고 한번 가정해 보자.

지금의 우리도 마찬가지이고 모든 동물의 가장 큰 고민은 생존이다.

그는 배가 고팠을 것이다.

그리고, 자신보다 약한 동물을 잡아서 먹어야 했고, 아울러 자신보다 강한 동물로부터 자신을 지켜내야 했을 것이다.

그런데 아무에게도 배운 것이 없었던 우리의 선조는 어떻게 돌도끼 등을 만들어 사냥을 하고 자신을 지키는 지식이 생겨났을까에 대해서 묻고 있는 것이다.

상상컨대, 그는 돌만 가지고는 용이하게 사용할 수 없다는 불편함을 느꼈을 것이다.

그리고, 그는 생각했을 것이다.

"어떻게 하면, 돌을 좀 더 편하게 사용해서 토끼를 잡을 수 있을까?"

그리고 그는 그 방법을 찾아냈고 결론적으로 우리가 잘 알고 있는 돌도끼를 만들어 내기에 이르렀다.

돌도끼를 만드는 방법, 그것이 지식이다. 그렇다면, 지식은 어디로부터 나왔는가?

그것은 어떤 네안데르탈인으로부터 나왔을까?

우리는 보이는 것을 너무 좋아한 나머지 그것이 보이는 어떤 것으로부터 나왔다고 말하는 것을 훨씬 좋아하지만, 실제로는 그렇지 않다.

그 지식은 바로 질문으로부터 나왔다.

우리가 접하는 모든 지식들도 다 마찬가지이다.

그 지식이 만들어지기 전에 그것은 거대한 문에 갇혀져 있었다.

하지만, 누군가 질문이라는 열쇠를 가지고 그 봉인을 풀게 된 것이다.

그리고, 그 지식이 풀리게 되면, 사람들은 모두 몰려들어 그것이 원래 있었던 것인 양, 혹은 그가 그것을 찾아내는 특별한 능력이 있는 것인 양 부러워하고 추앙한다. 하지만, 그것은 큰 오해이다. 그저 질문만 있다면 누구든지 알 수 있는 것들이 대부분이다.

앞서서 언급한 바와 같이 뇌는 질문에 의해 움직이며, 질문을 하지 않으면 자신에 거울에 비친 모든 것을 자신의 거울이 왜곡하는 대로 그대로 받아들이고 만다. 망상을 생각이라고 여기면서 말이다.

나. 행복을 부르는 질문

뇌라는 거울은 질문을 하면 뿌옇게 끼어 있던 망상들이 걷히고 질문에 해당하는 답들이 거울에 드러난다.

물론 좋은 질문을 하면 좋은 답들이 펼쳐질 것이고 나쁜 질문을 하면 나쁜 답들이 거울에 펼쳐질 것이다.

그래서 행복을 불러내기 위해서 해야 할 필수적인 질문이 바로 "감사"에 대한 질문이다.

감사 습관의 중요성을 모르는 사람은 세상에 없다고 말할 수 있을 만큼 사람들에게 감사 습관의 중요성은 강조되어 왔다. 하지만, 그것을 실제로 삶에 적용하는 예는 정말 쉽지 않다.

그 이유는 설명되었던 것처럼, 편도체의 거부반응 때문이다.

좋은 줄 알지만 하기 힘든 이유는 뇌에 있다.

술을 끊는 것이 건강에 좋다는 것을 모르는 사람은 없지만 술을 끊는 사람은 별로 없다.

담배도 마찬가지이며 식습관도 그러하다.

운동을 하면 몸에 좋다는 것을 모두 알지만 규칙적으로 운동을 하기는 힘들다.

나쁜 것을 끊는 것이나 좋은 것을 시작하는 것, 이 모두가 힘들다. 이유는 습관에 있다.

습관에 의해서 형성된 모든 것들이 이와 같이 힘들다.

감사의 습관 또한 좋은 습관이기 때문에 그것을 자신의 각오를 통해서 결심하고 실행에 옮긴다는 것은 매우 힘든 일이다. 하지만, 누군가 계속 그것을 챙겨 준다면 확률은 높아진다.

그런데, 단지 잔소리로써 챙겨주는 것이 아니라, 질문으로 챙겨준다면 그 효과는 훨씬 높아진다.

왜냐하면, 질문은 스스로 그 답을 찾아내게 하고 그 답에 부합한 행위를 이끌어낼 수 있기 때문이다.

실제로 나는 현장에서 질문으로 수많은 사람들의 행동교정에 성공했다.

그 성공의 요인은 진정성 있는 질문이었다.

사람들은 매번 되풀이되는 감사한 경험에 대한 질문에 답하기 위해 감사를 찾아냈고, 그러는 동안 삶은 행복으로 가고 있었다.

이것은 마법과 같이 마치 삶 속에 원래 있었는데 찾지 못했던 것을 찾아 내었으며 찾아내고 나서 놀랐다.

하지만, 그것은 놀랄 일이 아니다. 왜냐하면 그것은 원래 자신들의 것이었기 때문이다.

호랑이의 삶은 이처럼 바보 같다.

바보처럼, 자신들이 보물을 만들고 놓고도 찾지 못해서 허망 해하는 것이다.

다람쥐들은 열심히 도토리와 밤 등을 주워 다가 자신들만 아는 장소에 숨긴다고 한다. 그런데 안타까운 것은 그렇게 열심히 주워 와서 숨겨놓은 것들의 장소를 잃어버리기 일쑤라고 한다.

우리의 삶도 이 다람쥐들과 같을 수 있다.

열심히 살기는 하는데 자신의 행복을 찾아내지 못한다.

그러면서 남들을 보면서 불행해한다.

자기가 못 찾은 그것을 찾아내는 능력만 생긴다면, 그들은 스스로 행복할 수 있을 것이다.

하지만, 그들은 그것을 발견하지 못하고 괴로워한다.

감사의 질문이 미치는 영향

감사의 질문이 미치는 영향은 실로 어마어마하다. 하지만, 그것은 지금까지 그냥 감사의 습관에 묻혀서 빛을 발하지 못했다.

위에서 질문에 대해서 자세히 알아보았던 것처럼, 질문은 여러가지 영향력을 가지고 있다. 그 중에서 답을 찾아내는 능력에 포커스를 두고 설명한다면, 감사를 지속적으로 질문하게 되면, 사람들은 자연스럽게 감사한 일을 찾아내는 능력이 생기게 된다.

이것은 아주 이상한 일이다. 우리는 삶을 살아가면서 세상에서 일어나는 모든 일이 내가 인식한 그대로라는 착각에 빠지기가 너무나 쉽다. 하지만, 그것은 조금 다른 각도에서 바라보면 사뭇 다른 일이 되기도 한다.

예컨데, 어떤 사람이 좋은 집안에서 태어나고, 대학원까지 나왔지만, 그는 늘 자신보다 부자인 친구들을 부러워하며, 자신의 신세를 한탄하며 불평 불만에 가득 차 있었다. 확증편향 때문에 일어난 뇌의 작용은 그 사람에게는 늘 불평 불만할 거리만 보게 되고 그의 삶은 늘 불행하다. 그리고, 그에게 보이는 그것은 너무나 사실적이고 당연하다. 그것이 그의 현실이다.

그는 타고난 똑똑한 머리로 다른 사람들을 비판하며, 왜 자신의 주위에는 부족한 사람들밖에 없는지 한탄할 수도 있다. 그리고, 그것 또한 그의 현실이다.

그런 그에게 감사의 질문을 계속하면, 그는 어떻게 될까?

그는 신기하게도 대답을 하기 위해서 감사한 일들을 찾게 된다. 그리고, 그에게 절대로 눈에 띄지 않았던 감사한 일들이 찾아지는 순간, 자신의 삶이 조금씩 변하는 것을 느끼게 된다.

확증편향이 바뀌고 있는 것이다. 그 덕분에 망상활성계의 그물이 달라져 세상에서 건져올리던 부정적인 것들 대신에 감사를 건져 올리기 시작한 것이다.

KBS다큐에서 감사훈련을 받은 사례자 중 한사람은 자신의 배우자와의 불화가 해결되고, 행복을 되찾게 되기도 하고, 평범한 주부였던 어떤 사례자는 자신이 얼마나 훌륭한 남편과 사는지를 실감하게 되었으며, 동료들과의 관계가 개선되기도 했다.

이러한 모든 일들이 일어난 이유는 모두 감사에 대한 질문을 받았기 때문이다. 그들은 일주일에 한 번씩 감사에 대한 질문을 받고 그것에 대해서 답하기 위해서 애쓰는 동안, 자신의 변화된 삶을 경험하게 되었고, 나는 변화된 그들을 보았다.

그런데, 무엇보다도 주목해 볼만한 것은 바로 율산초등학교에서 했던 첫번째 질문의 사례이다.

그 질문은

"부모님께 있었던 행복한 일이 뭐가 있었는지 여쭤본 걸 말해 줄래요?"이다.

이 질문은 위에서 설명한 것처럼, 자녀들에게 질문을 함으로써 부모와의 대화를 이끌게 하고, 그 질문에 감사를 담은 것이다.

부모님은 이 질문을 만나게 되면, 자녀들에게 자신들에게 있었던 일 중에 감사했던 일을 자녀들에게 이야기해줘야 한다. 이것은 부모교육을 오랫동안 하면서 부모들의 가장 큰 고민이었던 자녀와의 대화 부족에 대한 솔루션을 자녀를 통해서 해소하기 위해 다년간 고민하고 찾은 결과이다.

게다가 이 질문을 받은 부모들은 이 질문에 성심성의껏 답할 수밖에 없다. 왜냐하면, 이것은 공교육에서 진행하는 경우, 학생들의 수행평가에 반영될 수 있고 그럴 경우, 부모들은 자신들의 참여가 사랑하는 자녀들의 소중한 점수가 될 것이기 때문이다.

자, 그렇다면, 이 질문을 받게 된 부모들은 어떤 대답을 자녀들에게 해줄 것인가? 시작은, "너희들이 건강하게 자라줘서 고맙다"라고 시작할지도 모른다. 하지만, 훈련받은 선생님들은 학생들에게 스토리를 요구한다. 그냥 피상적인 것 말고, 삶속에서 녹여진 스토리를 찾아와야 한다는 것이 학생들에게 주어진 미션이다. 부모들은 머리가 좀 아플지도 모른다. 그러다가 이런 답들을 찾게 될 것이다.

"음, 회사에서 부하직원이 내가 전날 좀 나무랬는데도 불구하고 기분 나빠 하지 않고, 아침에 상냥하게 인사해 주고, 또 커피까지 한잔 타주는 모습을 보면서 감사하다고 생각이 들었지"라고 대답할 수도 있다. 그러면 자녀는 또 물을 수 있다. "그래서 아빠는 뭐라고 이야기 해주었나요?" 그러면 아빠는 이렇게 대답할 수도 있다. "음, 그래서 아빠가, '고마워, 어제 김대리에게 싫은 소리하고 나도 기분이 좀 찝찝했는데, 아침에 이렇게 커피까지 주니까, 참 고맙네, 자네는 참 대인배 같아, 나는 자네 만한 때에 그러지 못했던 것 같은데 말이야', 라고 말해주었지"

자녀가 다시 묻는다.

"그랬더니 김대리님이 뭐라고 하셨어요?"

아빠는 다시 기억을 떠올리며 말했다.

"별 말씀을요, 제가 부족해서 일어난 일인데, 과장님께서 저에게 더 잘하라고 해주시는 말씀으로 알아듣고, 고쳐야겠다는 생각을 하고 나니 감사하다는 생각이 들었습니다"

자녀가 다시 묻는다.

"김대리님은 정말 훌륭한 분인 것 같네요"

아빠가 이야기한다.

"그래? 아빠도 그렇게 생각하는데 너는 왜 그렇게 생각을 하니?"

자녀가 대답한다.

"네, 사실 저도 아빠에게 혼나면, 기분 나쁜 것 때문에 하루 종일 속만 상하고 화가 나기가 쉬운데, 김대리님은 자신의 잘못을 알고 고칠뿐더러, 아빠에게 고마워하는 마음까지 갖게 되었잖아요"

아빠가 이야기한다.

"그래, 그렇구나, 너의 말을 듣고 나니까, 김대리가 참 훌륭한 친구라는 생각이 드는구나"

자녀가 다시 말한다.

"아빠, 김대리를 훌륭하게 생각하게 되니까, 아빠는 어떤 생각이 드세요?"

아빠가 대답한다.

"음, 뿌듯하고, 나도 더 잘 해야 겠다는 생각이 드는구나, 너는 어떤 생각이 드니?"

자녀가 대답한다

"네, 저는 아빠가 참 훌륭하다는 생각이 들어요, 왜냐하면, 김대리님의 훌륭한 점을 볼 수 있는 사람이잖아요. 저희 선생님이 훌륭한 사람의 특징은 다른 사람의 훌륭한 점을 볼 수 있어야 된다고 하셨거든요"

아빠는 자녀를 꼭 껴안아 주며 기특하게 여기게 될 것이다.

그리고 다음 대화에서는 자연스럽게 아빠가 자녀에게 "오늘 너에게 있었던 감사할 일은 어떤 것이 있었니?"라고 묻게 될 것이다.

이것이, 이런 대화가 일어나야 하는 곳이 가정이다. 그런데 우리 가정에서 우리에게 이런 대화를 빼앗아 간 것은 누구인가? 그것은 TV이며, 게임이며, 이기심이다. 하지만, 그들이 주는 즐거움과 위의 대화가 주는 즐거움 중, 어떤 것이 진짜 행복이냐고 묻는다면, 인간이라면 모두 대화가 주는 즐거움을 인간의 행복이라고 이야기할 것이다. 이 아빠의 회사 생활은 어떠할까? 그것은 매일 매일 아들에게 오늘의 감사한 이야기를 들려주기 위해 감사할 거리를 찾는 행복한 나날들을 만들어 가지 않을까?

그렇다면, 그의 직장에서의 평가는 어떨까? 혹은 그의 승진은 어떨까? 그의 미래는 어떨까? 그의 가족의 미래는 어떨까? 그의 자녀의 미래는 어떨까?

OECD국가중 청소년 자살률 1위를 놓치지 않는 나라, 30분에 한 명꼴로 자살을 하는 이 나라, 대한민국에 코로나가 퍼져 사람들을 아무리 위협해도 1년이 지난 지금 1,000명 정도의 사망자가 나오고 있다. 그런데 한달이면 1,200명의 사람들이 자살로 생을 마감한다.

그런데 자살바이러스에 대한 대책은 거의 전무하다. 하지만, 나는 말한다. 감사가 바로 자살바이러스 백신이라고 말이다. 자살을 하지 말라고 하는 것은 바보 같은 짓이다. 행복할 수 있는 방법을 알려주면 자살을 안 할 텐데, 왜 그것을 하지 않을까?

우리가 생각하는 모든 행복은 다 이 감사로부터 나온다고 해도 과언이 아닐 것이다.

이렇게 질문은 뇌를 바꾸고 삶을 구원해 낸다.

다. 모순(矛盾)을 깨는 질문

전국(戰國) 시대 초나라에 무기 상인이 있었다. 그는 시장으로 창과 방패를 팔러 나갔다. 상인은 가지고 온 방패를 들고 큰소리로 외쳤다. 「이 방패를 보십시오. 아주 견고하여 어떤 창이라도 막아낼 수 있습니다.」 그리고 그는 계속해서 창을 들어올리며 외쳤다. 「여기 이 창을 보십시오. 이것의 예리함은 천하일품, 어떤 방패라도 단번에 뚫어 버립니다.」 그러자 구경꾼 중에 어떤 사람이 말했다. 「그 예리하기 짝이 없는 창으로 그 견고하기 짝이 없는 방패를 찌르면 도대체 어찌 되는 거요?」 상인은 말문이 막혀 눈을 희번덕거리고 있다가 서둘러 달아나고 말았다.

이 이야기로 인해 모순은 창과 방패라는 뜻을 갖게 되었다.

세상에서 가장 모순적인 것은 무엇일까?

세상에서 가장 발견하기 힘든 모순은 무엇일까?

재미있게도 사람들은 다른 사람들의 모순을 쉽게 찾아낸다. 그렇기 때문에 쉽게 남을 욕할 수 있고 손가락질하기 쉽다.

남의 모순은 참 쉽게 보인다.

그렇다면 자신의 모순은 어떨까?

그것이야 말로 가장 찾기 힘들다. 하지만, 이 모순이 발견되면 문제의 해결이 일어난다.

그러니까, 다시 말해서 자신의 모순이 세상에서 가장 찾기 어려우며 가장 모순적인 문제이다.

자신의 모순이 찾기 힘든 이유는 무엇일까?

그것은 바로 뇌가 거울이기 때문이다. 뇌는 그 거울로 늘 세상을 비춰왔기 때문에 자신의 안에서 일어나는 일들에 대해서 관찰하는 능력이 상실되어 버렸다.

즉 이 복잡한 거울의 통제실을 호랑이가 장악하고 있을 때는 세상의 모순들을 발견하고 그것을 해결하기 위해 투쟁하며 만신창이가 되어버리지만, 조련사가 눈을 뜨고 통제실을 장악하게 되면 자신의 문제 즉, 내면의 모순을 해결하기 위해 나서게 된다.

이처럼, 조련사가 깨어나지 못한다면, 그는 절대로 자신의 모순을 볼 수 없다.

호랑이에게 어쩌면 이 모순은 치부책이면서 자신을 유지시키는 명분인지도 모른다.

그래서 고관대작들이 검찰에 불려 가서 조사를 한번 받고 나오다가 한강에서 몸을 던지는 이유도 이와 같은 지 모른다.

스스로 자신을 유지시켰던 그 명분이 사라지는 순간 호랑이는 매우 당황하고 수치스러울 수 있다. 자신의 모순을 다른 사람이 보고, 그리고 그것을 단죄하려 드는데, 딱히 변명할 길이 없고 수치스럽다면 호랑이가 선택할 수 있는 것은 무엇일까?

그것은 마치 악마가 자신을 불러 놓고 이렇게 이야기하는 것과 같을 것이다.

"이제부터 니가 얼마나 모순적인 인간인 지를 내가 알려주마, 너는 아마 니가 어떤 인간인 지를 알게 된다면, 스스로 살기 힘들 거야"라고 말이다.

사회적으로 큰 무리가 된 일 중에 하나는 이런 일이 있었다.
어떤 인터넷 싸이트에서 자신을 젊은 여자로 소개한 사람이 젊은 남자들에게 접근하여 그들의 알몸을 보여주면 자신의 알몸도 보여주겠다고 꼬셔서 그들이 자신의 알몸을 보여주면 그것을 녹화하고 그들의 모든 지인들에게 그 영상을 보내 버릴 것이라고 협박하고 돈을 뜯어낸 일이다.

그들은 이미 해킹을 당해 자신들의 지인과 관련된 모든 정보가 넘어간 상태이고, 이제 그들에게 생사여탈권이 넘어가버린 것이다.

그들 중의 일부는 자살을 하기도 했다.

얼마나 악랄한 일인가?

혈기왕성한 젊은 남자들에게 참 쉽지 않은 유혹일 수 있다.

이것을 그냥 하나의 존재로 풀려고 한다면, 우리는 필시 난제를 만날 것이다.

그것은 자신의 존재가 이상하다는 것을 인정해야 하는데, 그것을 인정하기에 누구도 자유로울 수 없는 본능이 있다는 사실이다.

평소에 용모 단정한 그들, 주변으로부터 좋은 평판과 관계를 유지하고 있던 그들이 그런 이상한 행위를 했다는 사실 때문에 사람들이 용서할 수 없는 것일까? 아니면, 그런 좋은 평판과 관계들을 형성하고 있다는 사실 때문에 자신을 용서할 수 없는 것일까?

둘 다 작용했을 것이다.

하지만, 이것은 명백한 모순이다.

모순은 호랑이와 조련사의 성품의 차이에서 일어나는 일이다.

호랑이는 본능의 존재이다.

그러므로 호랑이는 어떤 일을 해도 당연하다. 앞서서 말한 바와 같이 호랑이가 살아가는 세상은 정글이다. 그는 생존 자체가 정의이다.

그러므로 그가 하는 어떠한 행위도 그에게는 정당하다.

전제는 들키지만 않으면 말이다.

진짜 모순은 자신의 안에 있다.

하지만, 호랑이들은 스스로의 모순은 보려고 하지 않고 간음한 여자에게 돌을 던진다.

그래서 예수가 말한다.

"너희 중에 죄 없는 자가 저 여자를 돌로 쳐라"

그 뜻은

"스스로 너희들의 모순을 보아라"라는 말씀이다.

스스로 자신들에게서 본능에 허덕이는 호랑이를 발견하는 순간 비난과 비판의 칼을 거두고 자신의 세상을 잘 다스려 보려고 노력하는 조련사가 될 수 있다는 말이다.

질문은 어떻게 내 안의 모순을 없앨 수 있을까?

모순발견하기

자신에게서 모순을 발견하는 일은 참으로 재미있는 일이다.

이것에 흥미를 갖게 되면 삶은 평화로워진다.

매번 이빨을 드러내며 으르렁거리던 호랑이의 습성을 멈추고 조련사로서 삶을 살아가게 되기 때문이다.

하지만, 처음에는 익숙하지 않아서 어렵고, 또한 습관이 되지 않았기 때문에 실패하기 십상이다. 그렇지만, 한 번 두 번 성공하다 보면 근력이 생기게 되고 진정한 평화를 얻게 된다.

모순은 매 순간 일어난다.

아침에 일어나려는 순간에도 우리에게는 모순이 발견된다.

"아 더 자고 싶다"

"아니야, 일어나야 해"

이것이 모순이다.

호랑이는 지금 자고 싶어 한다.

하지만, 조련사는 일어나야 된다고 말한다.

어떤 때는 호랑이가 이기게 된다.

그리고 깊은 잠에 빠져 모든 것을 망치고 스스로에게 짜증을 내고 주변 사람들에게 짜증을 내고, 이런 일이 반복되다 보면, 주변 사람들과의 관계가 망쳐지게 되고 삶은 자신이 원하지 않은 곳으로 흘러가게 되지만, 자신의 삶이 엉망이 되어가는 이유에 대해서 그는 알아차리지 못한다.

아침에 겨우 일어나 아침밥을 차려 주시는 어머니가 듣기 싫은 소리를 하자 버럭 화가 난다.

그것이 그렇게 화낼 일이 아니라는 사실을 알고 있지만, 무심결에 성난 소리를 질렀다.

그리고나서 '그러지 말았어야 하는데….'라며 후회를 한다.

이 순간도 역시 모순이 발생한다.

어떤 경우는 모순인지 모르는 상태에서 모순이 발생하기도 한다.

회사에서 신입사원이 건방지게 행동하는 모습을 보면서 본때를 보여줘야겠다는 생각이 일어났다. 주변의 동료들도 자신의 행위에 동조해 주고, 심하고 엄하게 나무라는 동안 신입사원은 주눅이 들었고, 스스로 뿌듯함을 느꼈다.

하지만, 깊이 자신을 돌아보면, 자신도 그만할 때 충분히 범하는 실수였다는 사실을 외면하고 '이게 다 약이 될 거야' 라는 자위로써 그 일을 하고 있다면 그것이 모순이다.

모순은 이처럼, 설명을 들으면 "아, 저것이 모순이구나"라는 것부터, "이런 것도 모순이야"하는 이야기들로 이어진다.

하지만, 이런 것은 어떠한가?

어떤 사람이 재산을 모두 날리게 된 불운을 경험하게 되었다.

그는 너무나 상심한 나머지 삶을 그만 두려고 한다.

그에게는 잃어버린 재산이 전부였으며, 그것 없이는 살아갈 수 없다고 생각했다.

그의 생각은 옳을까 그를까?

그의 생각은 옳지도 않고 그르지도 않는다.

하지만, 그가 판단해 버린다면, 그것은 옳고 그름의 문제가 아니라, 정답이 될 것이다.

그가 삶을 그만 둔 것은 그에게는 정답이다.

하지만, 이것은 마치 비극적인 영화처럼 끝나게 될 것이다.

그런데 이런 생각을 해볼 수도 있다.

어떤 사람이 똑 같은 상실을 겪었음에도 불구하고, 아니 이 보다 더 큰 상실의 상황을 겪었음에도 불구하고 그 역경을 이겨내고 보란듯이 일어나 그것을 극복하고 성공한 사람이 있다면 그것은 어떻게 이해해야 할까?

호랑이는 상실감을 상실이라고 받아들인다.

하지만, 그것은 "감" 즉, 느낌일 뿐이다.

그 느낌은 그야 말로 천차만별이다.

하지만, 조련사는 상실과 상실감의 차이를 안다.

조련사에게는 상실이 상실감과 연결되지 않는다.

호랑이에게는 상실감이 현실이다.

하지만, 조련사에게는 상실감은 느낌일 뿐이다.

단지 호랑이가 그렇게 느끼고 있는 것을 잘 알고 있다.

그래서 조련사는 호랑이에게 이야기한다.

"그것은 너의 느낌일 뿐이야, 그것을 믿으면 안 돼, 너는 그것을 딛고 일어설 거야, 왜냐하면, 내가 너를 그렇게 만들 거니까 말이야"

호랑이는 느낌과 현실을 구분하지 못한다. 이것이 모순이다.

이 모순에서 빠져나오지 않는다면 호랑이에게는 죽음 밖에 없다.

모순을 발견하는 것은 호랑이를 관찰하는 것에서 시작된다.

호랑이는 이 모순을 늘 겪는다.

매 순간 겪는다.

그렇기 때문에 자각이 필요하다.

호랑이는 숨을 쉬는 그 순간조차, 자신의 코로 공기가 들어가고 그것이 순환을 일으키며 살아가고 있다는 사실을 깨닫지 못한다.

그래서 기고만장한 삶을 살아간다.

그러다가 스스로 함정에 빠지게 되어 어떤 것으로부터 헤어나오지 못하게 되는 순간, 평범한 삶이 기적이었다는 사실을 알게 된다.

하지만, 조련사는 다르다.

조련사는 매순간이 기적이라는 사실을 안다.

그렇기 때문에 매순간을 소중하게 사용하고 감사한다.

그리고, 그 순간순간 일어나는 모순들을 극복하며 성장한다.

호랑이는 평온한 삶을 추구하며 불안하게 살아가고, 조련사는 험난한 삶을 추구하며 평온한 삶을 살아간다.

보이는 것이 전부가 아니라는 사실을 알기에 조련사는 모순을 극복할 수 있고, 보이는 것을 믿고 사는 호랑이는 모순에서 벗어나지 못한다.

이것은 마치 개들에게 마술사가 컵 속에 먹을 것을 두고 이리저리 섞어서 맞추게 하면, 후각이 인간보다 수천 배 발달한 그들이 먹을 것이 있는 컵을 못 찾아내는 것과 같다.

그들은 분명히 그것을 찾아낼 능력을 가지고 있으면서도 보이는 것에 현혹되어 그것을 찾아내지 못하는 모순에서 벗어나지 못한다.

당신 스스로에게서 모순을 발견할 때 당신은 그것으로부터 벗어나게 된다.

당신의 모순을 발견하기 위해 당신은 스스로에게 질문해야 한다.

그 질문은 바로 "저것이 나에게는 없을까?"이다.

당신이 타인으로부터 보게 된 그 모순을 스스로에게서 찾는 것이 모순 찾기의 시작이다.

그것이 성찰의 기본이며, 평화와 평온의 기초이다.

이 질문은 복잡한 거울인 뇌가 타인을 보면서 그의 모순을 비판하며 모순을 만들어내는 일을 그만두게 하고 자신의 거울을 닦도록 돕는다.

세상의 작용은 예전이나 지금이나 똑같이 일어나지만, 자신안에서의 작용은 이제 달라진다.

자신에게 감정의 변화가 일어난다면 그것은 바로 모순이 일어난 것이다.

즉 감정의 동요는 모순이라는 사실을 알아차려야 한다.

그리고, 스스로에게 깊은 질문을 해야 한다.

"이것은 무슨 모순 때문에 일어난 것인가?"

당신이 이 질문을 스스로에게 하는 동안 당신은 스스로 평화를 향해 나아가게 될 것이다.

괴로움

모순은 괴로움을 일으킨다.

그렇다면 괴로움은 무엇일까?

나는 사람들과 세션을 할 때, 500원짜리 동전을 들고 그들에게 이야기한다.

"자, 여러분이 선택한 면이 나오면 저는 여러분에게 선물을 드릴겁니다. 학이 나오는 면을 선택하실 분? 그리고 500이 나오는 것을 선택하실 분?"

그러면 사람들은 저마다 자신이 선택할 동전의 면을 이야기한다.

거의 반반이다.

나는 동전을 공중에 던졌다가 손바닥에 닿기가 무섭게 다른 손으로 감싸서 그들이 보지 못하게 한다.

그리고 그들에게 묻는다.

“자 어떤 면이 나올까요?”

그들은 조마조마한 표정으로 자신들이 정한 면이 나오기를 바란다.

나는 그들의 감정을 더 흥분시킨다.

“그냥 선물이 아니라, 아주 소중한 선물을 드릴 겁니다. 기분이 어떠세요?”라고 물으면 사람들은 더더욱 조마조마해한다.

나는 이윽고 감쌌던 손바닥을 펼친다.

학이 나온다.

그러자 학을 원했던 사람들은 탄성을 지르고, 500을 원했던 사람들은 탄식을 한다.

나는 그들에게 기분을 묻는다.

그들의 대답은 간단하다.

학을 원했던 사람들은 기분이 좋고, 500을 원했던 사람들은 기분이 우울하다.

나는 학을 원했던 사람에게 학이 있는 면의 동전을 건내 주며 말한다.

“이 동전을 가지세요”

그는 이야기한다.

“겨우 이게 선물인가요?”

나는 이야기한다.

"그 동전을 뒤집어 보세요"

그는 동전을 뒤집는다.

나는 그에게 다시 이야기한다.

"거기에는 뭐가 있나요?"

그는 말한다.

"500이 있죠"

나는 그에게 말한다.

"당신은 학을 원했고 학이 나왔고 그래서, 제가 학을 드렸는데 당신에게는 500까지 갔군요"

그는 잠시 생각에 잠긴 뒤 이렇게 이야기한다.

"그렇네요"

그들은 모두 한쪽을 원하고 있었다.

하지만, 한쪽 만을 가질 수는 없었다.

사람들은 행복을 원한다.

행복을 원하는 정도가 강할수록 아이러니 하게도 그들의 행복도는 낮다.

희망을 원하는 사람은 절망속에 있을 가능성이 높다.

자 이 이야기를 이제 처음부터 살펴보자

그들은 내가 동전의 어떤 면을 원하느냐고, 그리고 그것이 나오면 선물을 줄 거라고 이야기하자 그때부터 마음은 술렁였다.

그리고 동전이 공중으로 던져지고 그것을 손으로 덮고 손이 다시 열릴 때까지 계속해서 술렁였다.

그리고 마침내 한쪽은 승리를 하고 한쪽은 패배가 확인되는 순간, 한쪽은 기쁨으로 한쪽은 실망으로 또한 술렁였다.

그들의 마음은 한순간도 가만히 있지 않았다.

계속해서 술렁거렸다.

그것이 괴로움이다.

그것이 모순의 본질이다.

기쁨만 있지 않다. 늘 슬픔이 따라다닌다.

우리가 태어나는 순간, 주변의 사람들은 환호를 지르고 기뻐했을 것이다.

하지만, 그 순간 정해진 슬픔이 바로 죽음이다.

태어나는 순간 우리는 바로 죽음이 결정되는 것이다.

그러니 탄생이 과연 축하할 일인가?

우리는 좋은 집을 갖고 싶어한다. 그리고 그 집을 갖는 순간 우리는 기뻐한다. 하지만, 그 집을 갖는 순간 정해진 것이 하나 있는데 그것은 그 집은 낡아질 것이라는 것이다.

소유가 일어나는 순간 정해진 것은 상실이다.

괴로움은 늘 원하는 것과 원하지 않는 것이 쌍으로 움직인다는 것이다.

이것은 모순과 같다.

모순은 한가지만 존재했을 때는 일어나지 않는다. 하지만, 창과 방패, 이 두 가지가 서로 대립하는 것이다.

괴로움이 이와 같다.

괴로움은 한 가지만 일어나지 않고 함께 오는 것이다.

그러는 동안 감정이 움직이는 것이다.

그러니까, 결국 괴로움은 평온이 깨진 것을 이야기한다.

창과 방패가 부딪쳐 소리를 내고 그것이 평온을 깨는 것이다. 그래서 그것이 괴로움이다.

창과 방패는 모두 호랑이의 것이다. 호랑이는 늘 이렇게 어리석은 짓을 범하고 만다.

행복하고 싶어서 불행해지는 습성, 그것이 호랑이의 습성이다.

세상을 찌르고 싶어 휘두른 창에 자신이 찔리는 것, 그것이 호랑이의 우둔함이다.

세상의 공격을 막기 위해 사용한 방패로 조련사와의 소통을 가로막아 버리고 마는 그것이 바로 호랑이다.

질문은 이 괴로움이 무엇인지 알게 해준다.

질문이 없었다면 괴로움이 무엇인지 알 수 없었을 것이다.

당신이 이 괴로움에 대해서 더 알고 싶다면, 당신은 스스로에게 질문해야 한다.

그러면, 당신은 누구보다 괴로움에 대해서 더 잘 알게 될 것이다.

모순의 소멸

모순을 없애는 일은 매우 어려운 일이다.

이 모순을 없애기 위해 많은 사람들이 출가를 하고 수행의 길에 접어 들지만, 수행을 한다고 해도 모순이 해결되기는커녕 더 큰 모순을 만나기도 한다.

호랑이에게는 이 모순을 해결할 방법이 없다.

호랑이는 그냥 모순, 그 자체의 운명이기 때문이다.

모순을 해결하기 위해서는 모순을 볼 수 있는 시각이 있어야 한다.

그 모순을 직접 볼 수 없다면, 모순을 해결할 수 없다.

자신의 머리를 직접 자를 수 없는 것과 같은 이치이다.

스스로 올가미를 벗어나려고 한다면, 올가미는 자신을 더욱더 옥죌 것이다.

하지만, 누군가 도와준다면, 그 올가미는 쉽게 풀 수도 있다.

조련사가 눈을 뜨게 되면, 모순에 빠진 호랑이를 보게 된다.

복잡한 거울의 단순한 원리, 즉 세상을 보기만 하고 따라하기만 해도 되는 줄 알고 그 복잡하고 아름다운 거울을 자신의 감옥을 옥죄는 용도로만 사용하던 호랑이에게 통제권을 빼앗고, 조련사는 호랑이에게 이야기할 것이다.

“너는 저리 가서 가만히 있어”라고 말이다.

호랑이에게는 극복하기 힘든 모순일지도 모르지만, 조련사에게는 그 모순 자체가 어리석음 때문임을 알고 있기 때문에 쉬운 일이다.

그 복잡한 거울인 뇌의 주인은 원래 조련사였기 때문에 그에게는 쉬운 일이다.

마치, 외계에서 온 우주선이 지구에 착륙하고 외계인들이 잠시 자리를 비운 사이 지구인들이 우주선을 캠핑카 용도로 사용하고 있다가 외계인들이 돌아와서 지구인들을 태워 우주관광을 시켜주는 것과 같을지도 모른다.

지금까지의 뇌에 대한 연구가 얼마나 깊던지 간에 관계없이 그것의 사용 용도는 캠핑카 수준이었음을 조련사들은 이해할 것이다.

질문을 통해 모순이 해결되면 뇌는 자유로워진다. 뇌가 자유로워졌다는 것은 스스로 왜곡된 편향성에서 벗어나게 된다는 것이다. 뇌는 동물이기 때문에 스스로 지능을 가지고 자신에게서 일어난 모순을 보지 않게 돕는다. 만약 이 모순을 보게 된다면 그것을 피하기 위해 노력한다. 왜냐하면 해결하지 못하는 문제를 만나게 되면 뇌는 견딜 수 없기 때문이다.

이것은 최근의 정신의학이 발견한 조현병의 원인과 비슷하다고 할 수 있다.

Schizophrenia(조현병)은 schizo(찢어지다)+phrenia(횡경막/마음)의 합성어로 옛날에는 정신분열증으로 불리우다가 지금은 조현병으로 불리운다. 원어에서 알 수 있듯이 마음이 찢어진 상태를 이야기한다.

지금의 정신의학은 이병을 마음의 병이 아니라 기능의 손상으로 보고 있다. 조현병의 이름은 현을 조율하는 기능의 손상이라는 뜻을 가지고 있는데, 귀뚜라미는 다리와 꼬리를 비벼서 소리를 내는데 귀가 멀지 않는 이유는 그 소리를 듣지 않는 수반발사라는 기능 때문이다. 이 수반발사는 귀뚜라미가 소리를 낼 때 청각의 신경세포를 억제해 자신의 소리를 듣지 못하게 해서 귀뚜라미를 보호한다. 그런데 인간도 뇌에 이 기능을 가지고 있고 이 수반발사 때문에 자신의 소리를 듣지 못하는 것이다. 심장이 수없이 뛰고 있지만, 우리가 심장의 소리를 듣지 못하는 이유가 이 수반발사라는 회로 때문이다. 그런데 신경계통에 이상이 생기게 되면 자신의 내부에서 발생되는 소리를 듣게 되고, 그 소리가 일으킨 파장이 환청이나 환상으로 들리게 되며, 그 환청이나 환상이 심화되면서 조현병으로 발전하게 되는데 처음에는 감각이 예민해지는 것으로 시작된다.

나의 해석에 의하면, 그런 이유로 예민한 감각을 가진 사람들은 결국 자신의 소리를 잘 듣게 되는 것과 연결되어 있다고 볼 수도 있다. 다시 말하면, 모든 감각기관들이 예민하게 반응한다는 것은 세상을 예민하게 받아들인다는 것이다. 그러니까 세상에 대한 지배력이 약해진다는 것을 의미하게 된다.

안타깝게도 연예인들의 자살이 빈번한 이유도 여기에서 찾을 수 있다고 나는 생각한다.

감각기관이 예민하면, 화와 짜증이 많아지고 작은 소리에도 놀라게 되다가 결국 환청과 환상을 경험하게 된다.

이런 증상들이 일어나면, 사람들과 만남을 꺼리게 되고 두렵게 된다.

이 두 기능이 계속되면서 인지기능이 손상되게 되어 약물로 치료되는 양성증상에 비해 많은 시간이 걸리게 된다.

너무 전문적인 이야기라 좀 어렵다면 이렇게 정리하면 좋겠다.
뇌는 스스로의 모순, 즉 자신의 소리를 듣게 되는 것을 싫어한다. 자신의 소리를 듣게 된다는 것은 감각기능들이 예민해진다는 의미가 된다. 그것은 결국 병이 되어버린다.

질문이 스스로의 모순을 제거하면 감각기관들을 통제할 수 있게 되고 그것은 기능의 손상으로 이어지지 않는다고 나는 믿는다.

현상은 작용 때문에 일어나는데 보이지 않는 것들이 일으킨 작용은 보지 못한 채 현상만 보게 되면 실수를 범할 수 있다.

유전적 원인이라고 믿어지는 이것도 현상들이 겹치고 대를 이어 계승되는 것인데, 거슬러 올라가다 보면 누군가의 훼손된 뇌의 작용이 대를 이어 계승되었다고 보기 때문에 작용을 통제하면 현상도 통제된다는 것이 현상만을 들여다보고 원인을 파악하는 것에 대한 나의 견해이다.

질문이 세상을 바꾼다

세상을 바꾸고 싶어하던 사람이 결국에 세상이 바뀌지 않는다는 것을 깨닫고 집으로 돌아와 지역사회를 바꾸고자 하였다. 하지만, 지역사회도 바꾸는 것이 쉽지 않다는 것을 깨닫고 자신의 가정이나 바꾸어 보고자 하였으나, 그것은 더 어려운 일이라는 사실을 깨닫고 결국 자신이라도 바뀌어 보아야겠다고 결심하고 자신을 바꾸자 세상도 바뀌었다는 현명한 이야기가 있다.

많은 사람들은 세상을 바꾸고 싶어한다.

하지만, 세상은 무엇 하나 바꿀 수가 없다.

많은 위정자들이 세상을 다스리려 하지만, 결국 자신도 다스리지 못한다는 사실을 깨닫게 될 뿐이다.

세상의 특징은 바꾸려고 하면 할수록 맹렬하게 저항한다.

원천적으로 그들은 바뀌는 것에 동의하지 않는다.

이것은 마치 당신에게 누군가 덤벼들어 당신이 손에 쥐고 있는 책을 빼앗으려 한다면, 당신은 반사적이고 필사적으로 그것을 지키려고 할 것과 같은 이치이다.

누구도 그 책을 빼앗기려 하지 않을 것이다.

나무에서 그 이치를 알아보자.

당신이 어느 날 땅을 파려고 한다면, 삽을 들고 땅에 온 힘을 쏟아서 파내야 할 것이다.

하지만, 땅에 삽을 들이대고 삽질을 하는 것이 왜 힘들 것인가?

땅은 자신에게 삽을 들이대고 퍼내는 일을 좋아할 리가 없다.

그래서 당신은 힘들 것이다.

하지만, 나무를 보자. 나무의 뿌리는 그 연약한 것으로 그 깊은 땅속을 파고 들고 심지어는 바위까지 파고 들지만 그들은 해내고 만다.

현대과학이 발견한 뿌리의 이 신비한 이치는 다름이 아니라, 뿌리

끝의 분자단위의 변화는 아주 서서히 그리고 마치 드릴처럼 회전운동을 하면서 분자단위의 미세한 움직임으로 분자단위의 흙을 조금씩 비집고 들어간다는 것이다.

땅은 너무 서서히 그리고 치밀하게 밀고 들어오는 그 뿌리에게 결국은 자리를 내주고 말게 된다는 것이다.

땅은 세상이고, 뿌리는 당신이다.

하지만, 세상에 당신의 뿌리를 드리 밀고, 그 세상 전체에 당신의 영향력을 미치기 위해서 당신은 아주 미세한 움직임을 가져야 한다.

그것은 티도 안 날 정도이기 때문에 눈에 보이지도 않고, 믿음이 잘 생기지 않을지도 모른다.

하지만, 그것을 해낸 사람만이 세상을 바꾸게 된다.

당신이 해내야 할 그것, 그것이 바로 질문이다.

당신의 질문은 당신의 뇌를 바꾸게 될 것이다.

하지만, 한번의 시도로 되는 것이 아니다.

쉬지 않고 질문해야 한다.

질문은 당신의 뇌를 사용하게 될 것이고, 이제 그렇게 사용된 뇌는 당신의 뇌에 질문을 하게 될 것이다.

뇌에 하는 질문에 대한 답은 뇌의 3층 꼭대기에 있는 안테나를 통해서 당신에게 전달되며, 당신에게 이 질문의 습관이 생기게 되면, 굳이 노력하지 않아도 그렇게 하고 있는 자신을 발견하게 될 것이다.

결론적으로,

질문은 당신의 뇌를 바꾸게 될 것이고, 그 뇌는 당신의 세상을 바꾸게 할 것이다.

그러므로, 질문은 당신의 세상을 바꿀 것이다.

왜냐하면, 훌륭한 질문을 하는 동안 당신의 조련사는 그 복잡한 거울인 뇌의 통제실을 장악했을 것이기 때문이다.

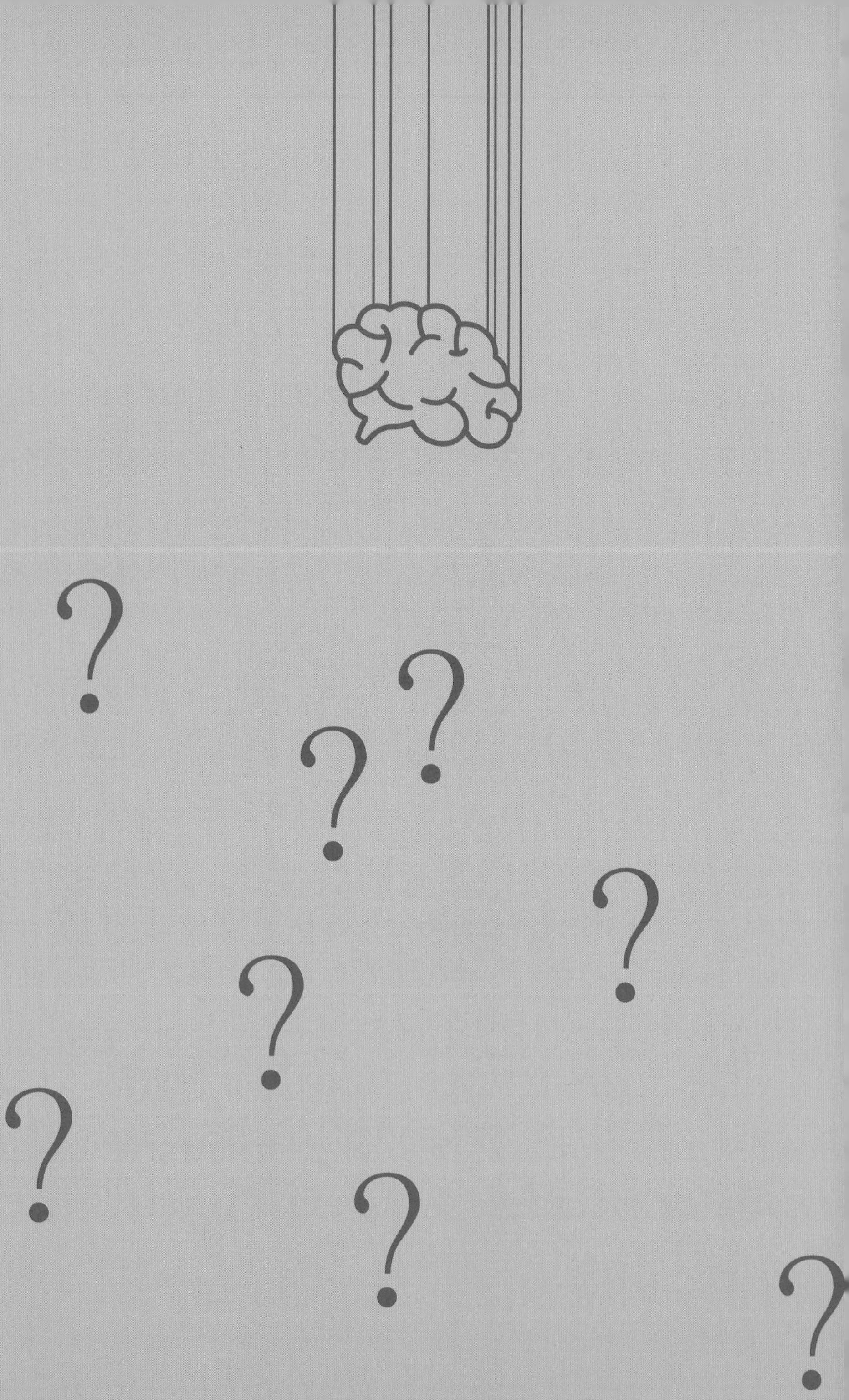

잊지 마라.
당신은 세상의 디자이너다.
그리고 당신이 디자인한 세상에
당신이 살아간다.
당신이 디자인을 멈추면,
악마가 당신의 세상을 디자인하기 시작한다.

세상에서 가장 위험한 책 새/뇌/혁/명

Part 9.

내가
디자인한 뇌를
보여줄게

내가 디자인한 뇌를 보여줄게

당신이 집에서 가장 먼저 깨어서 한참동안 책을 읽고 있는데 두시간쯤 지난 후에 아내가 깨어서 당신에게 말을 한다. "어, 빨리 일어났네?"

당신은 아내를 바라보며 대답한다. "응, 벌써 두시간째 독서 중이야"

아내는 흐뭇한 미소를 지으며 당신을 바라본다.

그런데 과연 아내에게 당신은 두시간동안 깨어 있던 사람일까? 아니면 지금 깨어나서 책을 읽고 있는 사람일까?

당신의 말을 믿고 아내는 그렇게 생각은 하겠지만, 아내가 당신을 깨어 있는 존재로 인식한 것은 자신이 눈을 떴던 그 순간부터 일 것이다.

깨어나는 순간부터 자신의 시간이 흐르고 자신의 세계의 시간이 흐르는 법이다.

깨어난 자의 시간이 흘러야 깨어난 자의 세상도 흐르게 된다.

뇌가 깨어나는 그 순간부터 뇌는 성장할 수 있게 된다.

바로 그 순간부터 디자인이 시작된다는 말이다.

이렇게 질문으로 깨어난 뇌는 디자인을 시작한다. 그리고 과연 어떤 작용을 일으킬까?

사실 이것은 너무나 자명한 일이기 때문에 규명을 할 필요가 있을까 하는 생각을 하게 된다.

하지만, 사람들은 보이는 것을 좋아한다. 그리고 보이지 않으면 믿지 않는다.

신기하게도 믿지 않으면 작용을 일으키지도 않는다.

작용을 일으키지 않으면 보이는 결과를 얻어낼 수도 없다.

그러면 믿음은 생기지 않는다.

이처럼 악순환은 쉽게 이루어지기 때문에 우리의 세계는 물질의 세계가 되어가는 지도 모른다.

나는 질문을 통해서 수많은 사람들의 정신적인 문제에 솔루션을 경험했다.

그들은 나에게 고맙다는 인사를 하지만 나는 그렇게 생각하지 않는다.

나는 그저 질문을 할 뿐, 그것의 결과는 그들이 이끈 것이다.

자신들이 해놓고 나보고 고맙다고 하니, 과분하기 그지없다.

그렇지만, 칭찬에 도취되기는 매우 쉽다. 이것이 바로 도파민 중독이다.

나는 그것을 알기에 칭찬이나 비난이나 개의치 않는다.

그리고 그것들을 멀리하려고 애쓴다.

나의 호랑이는 늘 그것들을 먹고 싶어서 안달이 나 있지만, 그것은 호랑이의 먹이감이 아니다. 호랑이는 그것을 먹으면 미쳐 날뛰게 될 것이다.

자신이 얼마나 훌륭한 존재인지를 자랑하고 싶어서 얼마나 안달이 나겠는가?

하지만, 조련사에게 그것은 너무 당연한 일이기 때문에 담담할 수 있다.

많은 사람들이 정신과에서 조제한 약을 끊었다는 나에게 고백을 한다.

참 좋은 일이다. 그런데 너무나 당연한 일이다.

보이지 않는 것에서 원인이 생겼는데 보이는 것으로 다스리는 것은 좀 이상하지 않은가?

보이지 않는 것에서 생긴 원인의 해결책은 보이지 않는 것을 조율하는 데서 찾아야 한다.

그 해결책을 찾지 못해서 그동안 보이는 약을 통해서 해결해왔던 사람들에게 보이지 않는 것을 해결하는 가장 쉬운 방법을 제시했으니 당연히 약을 끊는 것이다.

우리는 이참에 서울의 한 구와 함께 소외계층들을 대상으로 이 작업을 함께 하기로 했다.

그리고 그들 중 독거노인들은 이 작업을 통해 자연스럽게 소통을 통한 치유가 일어날 것이고 이 치유를 통해 그들은 동년배의 노인들에 비해서 치매 발생이 현저하게 늦어지는 것을 발견하게 될 것이다.

하지만, KBS 다큐온 "감사가 뇌를 바꾼다"에서 우리가 실시한 사전 사후 진단과 다른 선험적인 실험들을 통해 이 책에서 먼저 보여주려고 한다.

왜냐하면 사람들은 자신들이 무슨 실험을 하는지도 모르고 수많은 실험들을 해왔기 때문에 나는 그것들을 검증의 자료로 일단 사용할 것이다.

이제 초고령국가로 접어든 대한민국은 치매와 관련된 예산을 한해 16조나 편성하고 있는데 그도 모자라 수많은 노인들에게 일자리를 주기 위해 또 수많은 예산을 사용한다.

그리고 우리가 내 놓을 결과들을 통해서 사회의 양극화를 해소하고 노인들이 서로를 도울 뿐더러 소외 받은 아동들을 도우며 동시에 예산을 줄여 보다 효율적인 곳에 사용하도록 권하는 것이 나의 작은 바램이다.

01 질문으로 디자인된 뇌야

질문을 많이 받은 뇌는 어떻게 움직이며 어떤 결과를 갖게 될까?

우리는 KBS다큐온 "감사가 뇌를 바꾼다"(2021.2.12)를 위해 김해의 율산초등학교 5학년 12명을 대상으로 6가지 질문을 했다고 언급한 바 있다.

이 6가지 질문 중 3,4,5번 질문은 학습에 관련된 질문이었다.

이 질문을 하는 사람은 선생님이었지만, 선생님은 지식적으로 어느 것도 전달하지 않았다.

그렇지만, 질문은 모든 것을 전달하는 것보다 더 큰 효과를 만들어 냈다.

때는 바야흐로, 코로나의 시기.

코로나는 교육현장을 쑥대밭으로 만들었으며, 학교교육은 풍전등화에 이르렀다.

물론 글을 쓰고 있는 지금(2021년 10월)에까지 이르고 있다.

학교에서의 현장 교육은 극도로 제한되었고 학생들은 온라인 수업으로 대체해야만 했다.

우리가 준비한 6가지 질문은 문자와 전화 통화 등 비대면으로만 진행되었다.

3번째 질문은

"오늘 네가 배울 내용에 대해서 질문 하나를 만들어 봤다면 선생님에게 말해 줄래?"였다.

대부분의 선생님들이 코로나 초기라 줌 교육 등을 직접 만들어 주는 것을 엄두도 못내고 있었기 때문에 이 질문은 온라인 교육을 받고 있는 학생들이 자신들이 들을 수업에 대한 예습의 질문을 한 것이었다. 특히 온라인 교육의 특징 때문에 지금도 학교 현장은 위협을 받고 있다. 이 위협은 학교에 대한 위협이 아니라 학생들에 대한 위협이기 때문에 우리들 전체에 대한 위협인 셈이다.

이 질문을 받은 학생들은 처음에는 어리둥절했다. 하지만 뭐라도 이야기하려면, 자신이 무엇을 배우는지 정도는 알아야 한다는 생각이 들었던 모양이었다. 그리고 하나 둘 자신들이 당일에 배울 것에 대해서 질문을 만들려고 애썼다.

4번째 질문은

“어제 배운 내용 중에 의문이 생겼던 게 있니?”라는 질문이었다.

이 질문은 자신이 배우고 있는 내용에 집중하지 않으면 답변을 할 수가 없었다. 짐작하시는 대로 이 질문에 답변하고자 학생들은 자신이 보고 있는 영상 강의에 집중했다. 그리고 뭐라도 하나 의문을 찾아내기 위해서 애썼다.

5번째 질문은

“어제 수업 중에 갖게 된 의문을 너는 어떻게 해소했니?”라는 질문이었다.

이 질문들 통해서 학생들은 자신이 가진 의문을 해소하기 위해 무엇인가 노력을 해야만 했다.

그리고 그 결과를 선생님에게 알려주기만 하면 되었다.

처음에 학생들은 아무것도 하지 못했지만, 계속되는 질문에 답변하기 위해 뇌가 움직였고, 뇌는 몸을 움직였다.

질문은 학생들에게 무엇을 찾아내야 하는지 명령하고 있었고, 그 명령에 뇌는 자신의 몸에 제대로 된 지령을 내리고 있었다.

이 실험에서 매우 중요한 것 중의 하나는 선생님들 중 누구도 그들의 지적욕구를 충족시키기 위한 행위를 하지 않았다는 것이다.

오히려 아이들이 선생님을 가르쳐야만 했다.

장안의 화재였던 "거꾸로 교실"을 굳이 말하지 않아도 이룩한 셈이 된 것이다.

더 놀라운 것은 그들이 이 실험을 통해서 이룬 성과였다.

물론 나는 성과를 그리 좋아하지는 않는다.

하지만, 좀 슬픈일이지만, 부모들은 과정에는 별로 관심이 없다.

그런데 어떻게 과정이 없이 결과가 있겠는가?

부모가 과정에 관심을 주면 자녀들은 좋은 결과를 물어 올 것이다. 하지만, 부모가 과정에 관심을 두지 않으면 자녀들은 결국에 나쁜 결과를 부모와 공유할 것이다.

§ 수학성적 평가 결과

구분	사전	사후	전·후 증감
15명 총점	1,022	1,224	+202
15명 평균	68.1	81.6	+13.5(19.8%)

※ 수학성적이 19.8% 향상됨

그들의 성적은 19.8%가 향상되었다.

이것은 12주 만에 올린 성과였다.

또한, 1914년 노벨의학상을 수상한 Rovert Barany 의 정신 생리학적 이론을 기반으로 머리와 상체의 미세한 움직임에 따라 발생하는 파동을 측정하여 마음상태를 알 수 있는 프로그램으로 아산병원에서 임상을 마친 "마인드인"이라는 프로그램으로 그들의 뇌파를 측정한 결과 아래의 표와 같이 그들의 뇌 피로도는 17.2% 향상되었으며 자기조절 능력은 2% 향상되었다.

§ 정신생리 변화 측정 결과 (마인드인 검사 ; Mindin)

구분	사전	사후	전·후 증감
뇌 피로도(15명 평균)	-1.80	-1.49	+202
자기조절(15명 평균)	66.16	67.56	+13.5(19.8%)

02 감사로 디자인된 뇌야

다큐의 제목이 "감사가 뇌를 바꾼다"였기 때문에 감사에 대한 결과는 더 확실하게 보여줄 수 있지만, 이 책에서는 보다 선험적인 결과들을 인용해 보자.

하버드 대학의 탈벤 샤흐르 교수의 실험에 따르면 감사의 습관을 통해서 우리 뇌에서는 다이돌핀이라는 호르몬이 솟아나는데 이 호르몬은 우리가 이미 잘 알고 있는 암을 치료하고 통증을 해소하는 호르몬인 엔도르핀의 4,000배 효과가 있는 호르몬이라고 한다.

또한, UC데이비스의 심리학 교수인 로버트 에몬스는 "감사의 과학"이라는 책에서 감사의 효과에 대한 연구를 발표했다. 그는 12살에서 80살 사이의 사람들을 상대로 한 그룹에는 감사일기를 쓰게 하고 다른 그룹들에게는 그냥 일기를 쓰게 했다.

불과 한달 후 중대한 차이가 나타났다.

감사일기를 쓴 사람들은 행복지수가 높게 나타났고, 수면, 일, 운동 등에서 더 좋은 성과를 낸 것이다. 그저 감사했을 뿐인데 뇌의 화학구조와 호르몬의 변화가 생기고 신경전달 물질들이 바뀐 것을 확인했으며, 사랑과 공감 같은 긍정적 감정을 느끼는 뇌 좌측의 전두피질이 활성화되었다. 그는 "생리학적으로 감사는 강력한 스트레스 완화제로서 분노나 우울, 후회, 슬픔 등 불편한 감정들을 훨씬 덜 느끼게 한다"고 발표했다.

감사를 하면 좋다는 것을 누구나 다 안다.
하지만, 왜 하지 않는 걸까?

어떤 사람은 감사습관을 통해서 암을 치료한 경험이 있고, 어떤 사람은 감사를 통해 부와 명예를 얻었다고도 한다. 그런데 감사일기를 쓰거나 감사습관을 가지기 위해 노력하는 사람은 찾아보기 힘들다.

나는 KBS와의 다큐를 통해서 감사의 효과를 검증하기 위해 조금 특별한 노력을 했다. 그것은 다름아닌 게으른 그들에게 감사의 습관을 일으키는 것을 기대하는 대신에 그들에게 감사의 질문을 한 것이다.

감사의 질문은 위에서 언급한 것처럼, 다른 망상들을 내쫓는 뇌세척의 역할을 했다. 그리고 그들은 망상에 시달리는 대신에 내가 할 질문에 답하기 위해 감사한 일을 찾아 나섰다.

왜냐하면, 일주일에 한번씩 나와 얼굴을 마주보고 자신이 찾은 감사에 대해서 이야기해야 하는데 그러기 위해서는 매 순간 눈에 불을 켜고 감사를 찾아내야 했기 때문이다.

그리고 여지없이 그들은 자신의 삶에서 감사할 일을 찾아 나에게 알려주는 일을 반복하는 동안 스스로에게 습관이 형성되었다.

위에 언급된 하버드 대학의 탈벤 샤흐르 교수나 UC데이비스의 심리학 교수인 로버트 에몬스가 했던 실험을 단순히 그 현상을 관찰한 것이다. 하지만, 내가 시도한 것은 그 현상을 일으키는 기전을 발견한 것이다.

그 현상을 일으켰더니, 이러저러한 좋은 일이 뇌에 생기더라가 아니라, 그 현상 일으키는 방법을 알고 실천한 다면 이러한 일들은 뇌에서 자동으로 일어난다는 것이다.

이것은 마치 '총을 쏘니까 사람이 죽더라' 하는 것은 매우 당연한 결과이며, 어떻게 죽는지는 규명하는 것은 별로 중요하지 않은 것과 같다. 진짜 중요한 것은 총을 왜 쏘게 되는지를 알게 되어야 총을 안 쏘게 할 수 있다는 말이다.

감사의 질문을 통해서 일어나는 뇌의 변화는 실로 놀랍다. 하지만, 너무나 당연한 것이다. 어떤 사람이 바다에서 평생 아무것도 건져 올리지 못하는데, 어떤 사람이 매번 만선을 이룬다면 얼마나 놀라운 일인가?

그리고 그것이 단지 어부가 고기가 많은 곳을 찾지 못해서가 아니라, 그물이 잘못되어서 고기를 잡지 못했다는 이야기를 하고 있는 것이다.

그물만 바꿨더니, 수많은 물고기가 잡히게 된다.

감사의 습관만 형성했더니, 삶 속에서 보물들을 길어 올리며, 부자가 되고 능력자가 되며, 또한 모든 질병을 스스로 치유할 능력이 생긴다.

문제는 감사의 습관을 어떻게 형성하는가 이지, 그것이 건져 올린 보석들을 분석하는 것이 아니라는 말이다.

감사의 질문을 통해 뇌는 확증편향을 바꾸게 되고 이것은 망상 활성계의 그물을 바꾸게 된 것이다. 그리고 뇌는 천국으로 변한다. 그래서 세상이 천국으로 변하게 되는 것이다.

03 초월한 뇌 좀 볼래?

우리는 질문으로 생긴 감사의 뇌를 알아보고 있었다. 그런데 만약 이런 일 없이도 감사하며 감성이 풍부한 능력을 타고난 사람이 있다면 그에게는 어떤 일이 일어났던 것인지 한번 들여다보자.

이것을 들여다보는 이유는 지금 우리가 알아보기 위한 초월의 뇌에 대한 힌트를 볼 수 있을 것이기 때문이다.

아이들은 태어나서 엄마와의 교감을 통해서 한 인간으로 올바르게 성장한다.

36개월 내에 약 80%의 뇌가 형성된다고 한다. 그런데 이것은 완성된 것이 아니라, 완성될 준비를 하는 것에 불과하다.

이렇게 뇌가 형성되는 과정에서 아이들이 자신의 뇌를 발전시키는 주요 도구로 사용하는 것이 바로 엄마와의 교감이다.

성인이 된 우리들은 아이들이 말하는 것을 들으며 마치 단어를 많이 알면 말을 할 것이라고 생각하지만, 아주 재미있게 아이들이 하는 말들의 대부분은 추상적인 언어들이다.

즉, "행복해요", "사랑해요"같은 언어라는 말이다.

행복이나 사랑은 명사이지만 단어만 가지고는 그 뜻을 명확히 알 수가 없다.

아이들이 행복이라는 단어를 제대로 배우기 위해서는 행복을 느껴야 하며 그것은 엄마의 표정을 통해 검증된다. 즉, '내가 이렇게 기분이 좋은 것을 행복이라고 하는구나' 그리고 '그럴 때는 엄마처럼 저런 표정을 짓는구나', '아, 행복할 때 엄마와 나는 하나가 되는구나'하는 것을 배우게 된다는 말이다.

즉 엄마에게 사랑받으면서 행복함을 느끼는 순간들을 통해서 아이는 자신의 존재가 자신의 안에 갇혀 있는 존재가 아니라 적어도 엄마와 하나라는 것을 느낀다. 그리고 그것은 당연한 것이다. 원래 하나였으니까 말이다.

그렇게 정상적으로 자라는 아이들은 당연히 역할 놀이를 즐기게 되고 사물들과 대화를 하게 된다. 인형에게 말을 걸게 되고 인형의 말을 알아듣게 된다.

이런 아이들은 풍부한 감성을 갖게 되고 타인과의 유대를 잘 형성한다.

그리고 올바른 어른으로 성장할 기회를 많이 얻게 될 것이다.

이런 사람들은 타인과의 관계에서 배려하는 훌륭한 습관을 타고 나게 되며, 배려를 받았을 때 그것에 감사하는 것을 기본으로 알고 자라게 된다.

이렇게 부모에게 사랑받고 자라며 타인을 배려할 줄 아는 사람들의 얼굴은 편안하다.

그들은 마치 명상을 하는 사람의 표정과 비슷하다.

명상을 하는 사람들이 체험하거나 혹은 체험하고 싶은 것, 그리고 체험했을 때 그것으로 인해 갖게 된 경외감에 매료되는 것 중에 가장 최고의 것은 바로 자신의 존재를 초월하는 느낌이다.

자신이 자신의 몸뚱아리에 갇혀 있는 존재가 아니라는 사실을 깨달았을 때 그들은 평온하다. 하지만, 다툼에 있거나 분노하고 비판하는 사람들의 표정을 한번 보라. 그들은 자신의 이기심에 휩싸여 헤어나오지 못하는 분노에 자신을 빠뜨리고 괴로워한다.

자신의 안에 갇힌 것이다.

명상을 통해서 물아일체를 느끼는 사람들의 뇌는 과연 어떻게 변화할까?

최신 fMRI 결과에 따르면 전방대상피질, 전두엽, 전전두엽피질 영역이 활성화된다고 한다.

최근 '뉴로이미지저널'에 실린 논문에 따르면 명상을 생활화하는 사람들은 그렇지 않은 사람들보다 뇌 연령이 평균 7.5세 젊다고 한다. 연구팀은 이번 실험을 위해 직접 개발한 컴퓨터 프로그램을 이용해 참가자들의 뇌 상태를 관찰했는데 나이가 많을수록 명상하는 그룹에 속한 사람들의 뇌가 더 잘 보존된 상태를 보였고 이는 명상이 노화로 인한 뇌 세포 손상을 막는 역할을 하는 것으로 추정된다는 설명이다.

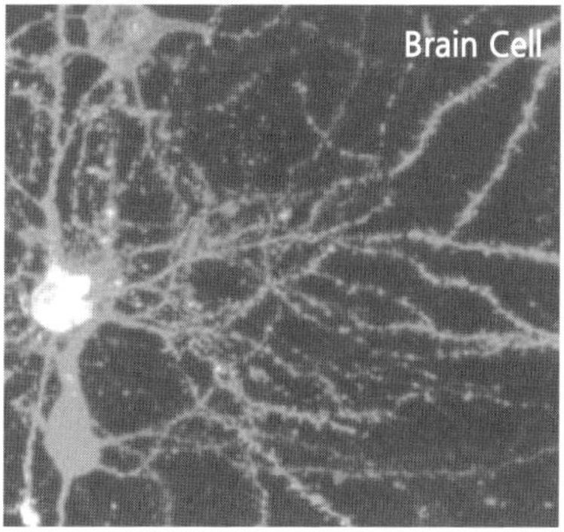

인간의 뇌 시냅스

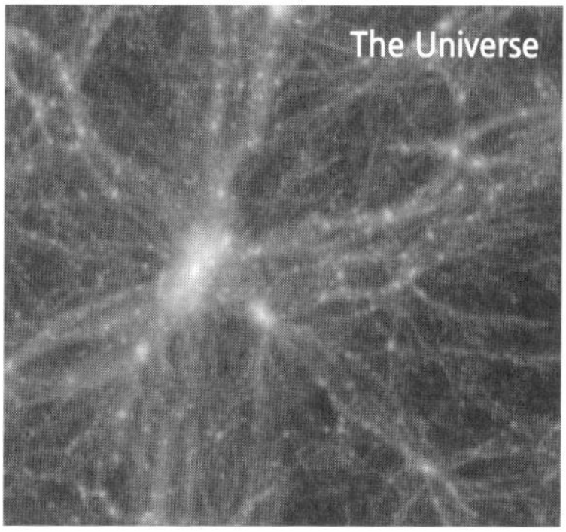

우주의 구도(은하단)

소우주라고 알려진 뇌의 뉴런과 우주의 은하단의 모습은 일반인들이 둘을 구분하기 힘들 정도로 유사하다. 최근에는 뇌와 우주의 여러 가지 데이터들이 매우 유사하다는 연구들까지 진행되고 있다. 예를 들면 뇌의 77%가 물로 되어 있는 것처럼 우주의 72%가 암흑에너지로 되어 있는 것처럼 말이다.

뇌가 이런 우주와의 유사성을 가진 이유를 인간이 얼마나 규명할 수 있을지는 모르지만, 중요한 것은 우리의 뇌는 적어도 우주와 연결되어 있다는 것이다.

우주라고 하니까 물리적인 우주를 꼭 상상할 필요는 없다.

여러분이 시를 적기 위해 펜을 들면 신기하게도 여러분의 머릿속에서 생각되었던 시상만이 아니라 더 많은 것들이 쓰여 질 것이다. 여러분이 어떤 주제에 대해서 글을 적을 때도 마찬가지일 것이다. 여러분이 전혀 생각하지 않았던 어떤 생각들이 여러분의 뇌를 두드리는 것을 여러분은 느낄 수 있다. 하지만, 그것을 너무나 당연한 것으로 받아들이는 것은 더 신기한 일이다.

그것은 당연한 일이 아니다. 만약 여러분이 물질적 존재이며 단순히 로봇과 같이 자신이 학습한 것만을 가지고 살아가는 존재라면 이런 일들은 일어나면 안되는 일이다.

하지만, 당신이 당신의 존재를 초월하게 되는 순간 당신은 더 이상 당신의 몸뚱이에 갇혀서 살 이유가 없는 존재가 되는 것이다.

인간은 하늘을 날고 우주로 날아간다. 수백 년 전만 해도 상상하기 힘든 세상을 우리는 살아가는 것이다. 그것은 인간은 원래 이 시공간에 갇혀서 사는 존재가 아니어야 되기 때문은 아닐까 생각해본다. 우리는 한번도 해보지 않은 일에 도전하는 것이 아니라, 원래 할 수 있었던 일을 또 할 수 있다는 것을 증명하는 것인지도 모른다.

초월적인 인간이 되는 것은 너무 간단하고 이미 당신은 그렇다.

아주 쉽게는 당신이 거리의 걸인을 보며 불쌍하게 여기는 것, 그것이 바로 당신을 초월하는 것이다. 불쌍한 사람들을 보면서 그의 입장이 되어보는 것. 그것은 아무나 할 수 있는 일이 아니라 인간만이 할 수 있는 일이다.

조금 더 나가보면 펜을 들고 꽃이 되고 들풀이 되어 시를 한번 적어 보는 것. 그러는 동안 당신은 당신이 무엇이건 될 수 있는 존재이며 뇌의 3층에 안테나를 세우고 영감을 받아 적을 준비를 마친 존재라는 사실을 알게 될 것이다.

이제 좀 더 확장해 본다면, 당신은 당신을 괴롭히던 당신의 생각들을 넘어서 그것들을 당신의 우주 바깥으로 쫓아내고 그 안에서 평온을 즐길 수 있는 존재라는 사실도 알게 될 것이다.

이제 최종적으로 당신은 가부좌를 틀고 그 자리에 앉아 당신이 머문 공간과 시간마저 초월하고 당신이 진정으로 어떤 존재인지 깨닫고 진정한 자유와 평온에 머무는 존재가 될 것이다.

이때 당신의 뇌는 세상에서 가장 아름다운 뇌가 될 것이며, 그것은 굳이 fMRI 등으로 찍지 않아도 미리 알고 있게 될 것이다.

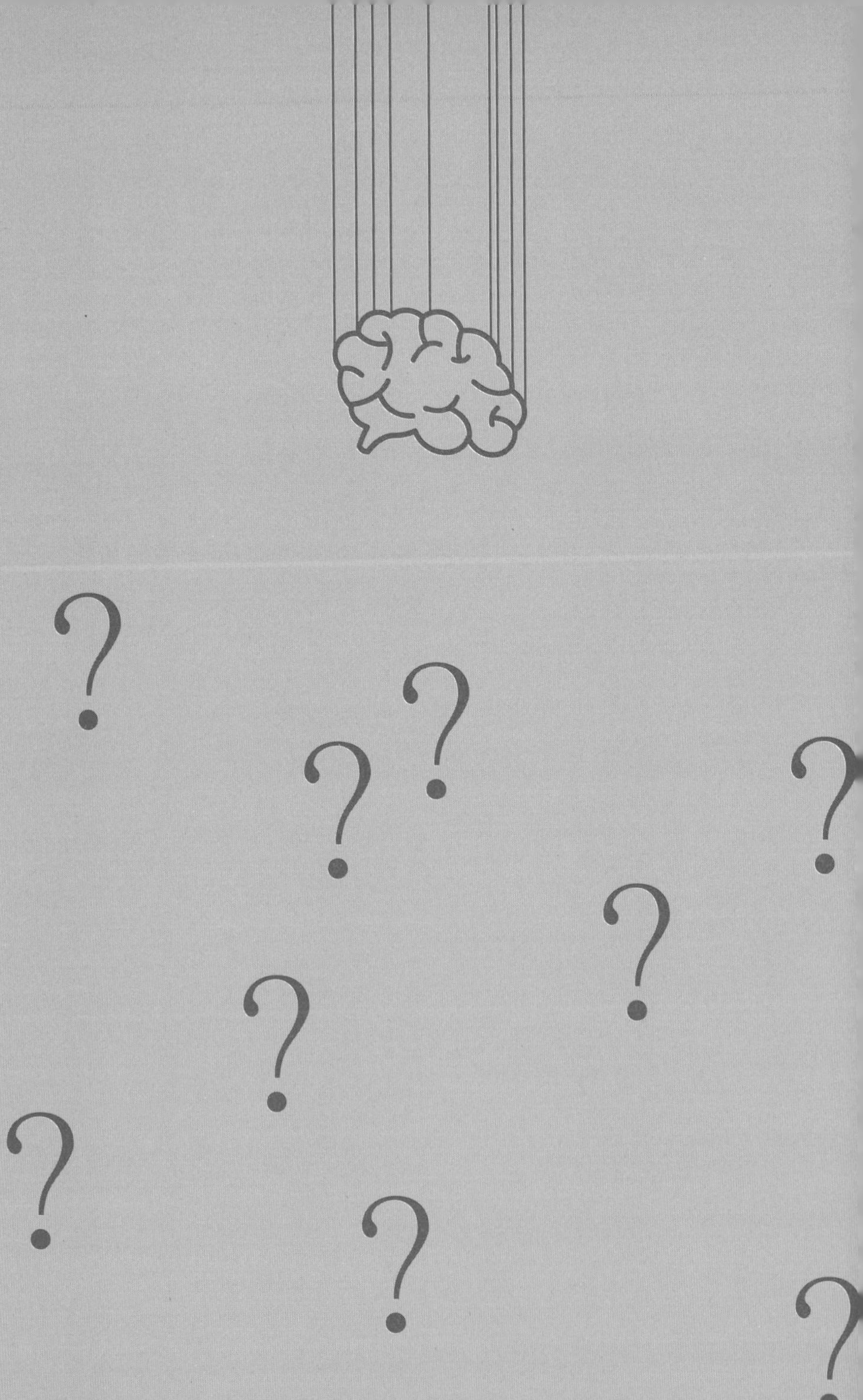

훌륭한 디자이너는 행복하다.
고로, 행복하지 않다면
훌륭한 디자이너가 아니다.
당신이 영원히 살아갈 집을
지금 당신이 디자인하고 있다.

세상에서 가장 위험한 책 새/뇌/혁/명

Part 10.

나는
뇌만 바꾸었을
뿐인데

나는 뇌만 바꾸었을 뿐인데

모든 사람들은 새로운 세상에 살고 싶어하고 자신을 가로막는 장애물들을 없애고 싶어한다.

그래서 당신은 아침에 운전을 하고 회사에 가는 동안 당신의 차 앞으로 무례하게 끼어드는 차량을 보면서도 화가 금세 난다.
하지만, 그가 당신의 아들이나 아버지라면 당신에게는 화가 일어나지 않을뿐더러 그가 더 조심히 잘 가기를 바라게 될 것이다.

결국, 당신을 화나게 한 것이 그 차가 아니라, 바로 당신의 생각이라는 것을 당신은 알게 된다.

어느 날 갑자기 자란 손톱을 깎아야겠다는 생각이 들었는데, 손톱깎이를 찾지 못해 몇일을 보내니 손톱은 더욱더 빨리 자라는 것 같았다.
마음을 먹고 집에서 손톱깎이를 찾아 손톱을 깎는데 너무 시원한 느낌이 들었다. 그러다가 마지막 손톱을 깎을 때 너무 바짝 깎아서 새끼 손톱 아래에 살짝 피가 고였다.

이런 경험을 누구나 한번쯤 할 수 있을 것이다.

손톱은 나의 것인데 나를 괴롭힌다. 비단 손톱뿐이겠는가? 머리카락을 비롯한 온몸이 나를 괴롭힌다. 시간이 가면서 고장이 나기 시작하는 그 몸이 나를 괴롭힌다.

63빌딩에서 개미를 떨어뜨리면 개미는 어떻게 될까? 아마도 개미는 죽지 않을 것이다.

왜 그럴까?

그것은 개미가 가볍기 때문이다.

그런데 사람은 죽는다. 그것은 사람은 무겁기 때문이다.

그렇다면 사람을 죽인 것은 누구일까?

그렇다. 그것은 바로 그의 무게 때문이다.

중력은 참 신기하다. 딱 그 무게만큼만 아래로 끌어당긴다.

1kg은 딱 1kg만큼만, 100kg은 딱 100kg으로 끌어당긴다.

여러분에게 생긴 소유만큼 여러분은 괴로울 것이다.

그러면 어떤 이는 이렇게 말할 것이다.

"나는 아무것도 가진 게 없는데 너무 괴로운데요"

그래서 나는 말한다.

"당신의 소유 중에 가장 큰 것이 바로 욕망입니다"

이제 우리는 알게 되었다.

나와 소유는 다르다는 것을, 그리고 나의 몸조차 소유라는 사실을 말이다.

그리고 그 소유들은 그 소유의 크기만큼 나를 괴롭힌다.

위의 끼어드는 차의 예에서 본 것처럼, 생각마저 나를 괴롭힌다. 그러니 생각도 소유이다.

뇌는 스스로 생각하지 않으면 세상의 생각, 즉 망상에서 헤어나오지 못하고 갇혀 있게 된다.

그렇기 때문에 지금까지 우리는 새 뇌를 갖기 위한 훈련의 내용들을 살펴본 것이다.

이제 이렇게 새 뇌를 갖게 되면 우리에게 펼쳐질 새 세상에 대해서 알아보자.

01 처음의 뇌는 이랬어

10장의 시작을 '처음의 뇌'로 잡은 이유는 우리가 진정으로 새 뇌를 갖게 될 때가 바로 태어나서 갖게 된 뇌이기 때문이기도 하지만, 새 뇌를 가지고 새 세상을 살아야 할 아이들에게 어른들의 무지로 인해 새 세상을 경험할 기회마저 주지 못하는 경우가 너무나 많아서 아이를 키우는 엄마들에게 꼭 알리고 싶은 이유 때문이다.

아이들의 뇌는 처음에는 매우 깨끗한 상태이다.

그야 말로 새 뇌를 가지고 태어난 것이다.

새 뇌는 앞선 설명에서처럼 자신의 몸을 관찰하는 것을 통해서 조금씩 발전하게 되고 완벽하게 될 수 있는 준비를 갖추게 된다.

그런데 이때 스마트폰을 쥐어 주게 되면 아이들은 행동을 멈추게 된다. 행동을 멈추게 되는 순간 아이들의 뇌는 정지한다.

이것은 어마어마한 비극을 아이들에게 선물하는 것과 다를 바가 없다.

만약 엄마들이 아이를 임신하고 있을 때, 여러가지 검사를 통해 아이들에게 장애가 있다는 사실을 발견했다면, 얼마나 걱정되는 일이겠는가? 마치 세상이 무너지는 듯한 좌절을 느끼게 되었을 것이다.

그런데 멀쩡하게 태어난 아이를 엄마들의 무지와 조금 편하고 싶은 마음 때문에 장애아로 만들게 된다.

여러분이 재미있는 영화를 볼 때 그 영화를 보기 위해 아무런 노력을 할 필요가 없다. 왜냐하면 영화가 재미있어서 그냥 빨려들기 때문이다.

하지만, 재미없는 수업을 들을 때는 그것을 이해하기 위해 여러분이 노력해야 한다.

뇌와 세상은 착취관계에 있다.

힘센 편이 약한 편을 착취한다는 말이다.

세상이 강력하면 뇌는 그 세상에 끌려간다. 하지만, 뇌가 세면 세상이 뇌에게 끌려온다.

혹자들은 이야기한다.

"다들 보는데 어떡해요"

나는 그들에게 이야기한다.

"다들 미치면 당신도 미쳐야 하나요?"

혹자들은 또 말한다. "적당한 때가 되면 줄이겠죠"

나는 말한다.

"어렸을 때부터 마약을 쥐어주고 스스로 떼라면 할 수 있나요?"

어린시절 새 뇌를 가지고 태어난 아이들에게 스마트폰을 쥐어주면 안되는 이유는 또 있다.

우리 뇌에 송과체라는 곳이 있다.

정수리 안쪽에 있는 솔방울 모양의 기관인데 아주 신비한 기관이며, 지금까지 밝혀진 것 중의 하나는 그곳에서 멜라토닌이라는 호르몬이 생기는데 우리 면역체계를 형성하는 아주 중요한 호르몬이다. 그런데 이곳에서 멜라토닌을 형성할 때 중요한 요소 중에 하나가 바로 '어둠'이다. 즉 아주 캄캄할 때 멜라토닌의 분비가 활성화된다는 것이다.

왜 느닷없이 멜라토닌이냐는 의문이 생길 것이다.

우리의 뇌는 우리가 일반적으로 빛이라고 인식하는 것 만을 빛으로 생각하지 않는다. 우리가 보는 빛 이외에 전자기파, 쉽게 말해서 스마트폰에서 나오는 강력한 전자파, 그리고 스마트폰을 작동하기 위해서 도심 곳곳과 섬까지 장악한 안테나에서 이 전자파가 나오는데 그것 역시 빛으로 간주하는 것이 바로 뇌다.

그러니까 단지 스마트폰을 보여주는 것 말고도 그냥 그것이 존재하는 것 자체가 우리 아이들에게는 큰 위협이라는 사실이다.

이 전자파는 꿀벌이 길을 잃게 하거나, 철새가 길을 잃게 하는 등 수많은 부작용을 낳고 있지만, 인간의 이기심은 우리의 몰락을 방관하기에 충분하다. 왜냐하면 그곳에 쾌락이 있기 때문이다.

나로서는 모든 것을 막을 방법도 힘도 없지만, 적어도 이 책을 읽는 부모가 자신의 아이를 장애아로 만드는 일에 애쓰지 않게 되기를 바랄 뿐이다.

아이가 가진 새 뇌는 당신이 아이에게 전자파라는 악의 선물을 주지 않아도 세상의 편견속에서 금새 헌 뇌로 바뀔 테니까 말이다.

하지만, 당신이 당신의 아이에게 이 악의 선물을 해서 아이가 아무런 가치 판단도 할 수 없을 때 입은 데미지는 이런 책을 읽는 것 자체의 기회도 주지 않을 뿐더러, 혹시 이런 정보를 읽게 되더라도 그것을 깨우칠 수 없는 최악의 수준에 이미 처해있을 가능성이 100퍼센트에 가깝게 만들 것이라고 나는 감히 충고하고 싶다.

만약 당신이 길을 가고 있는데 어떤 엄마가 이제 갓 돌이 지난 아이에게 필로폰을 투여하고 있고 당신이 그것을 알게 되었다면 당신은 어떤 생각이 들까?

아마도 당신은 흥분한 나머지 그 아이의 엄마를 경찰에 신고하려고 폰을 꺼낼 것이다.

새 뇌는 그동안 인식의 객체로서 살아오던 자신의 삶을 인식의 주체로 바꾸게 될 것이다.

우리는 수많은 사람들로부터 상처받고 또 수많은 사람들로부터 위로 받고 싶어한다.

우리는 자신을 비난하는 사람들을 보면서 괴로워한다.

그 순간 우리에게 일어난 이상한 일을 옛날의 뇌로는 알아차리지 못한다.

이전의 뇌는 그 자체로 괴로워한다.

왜냐하면, 그의 인식을 그대로 받아들이는 수동적인 뇌였기 때문이다.

그 뇌는 다른 사람이 자신을 보면서 "참 이상한 사람이네"라고 이야기하면, 금방 이상한 생각이 일어나고 이상하게 변해버린다.

너무나 신기한 일이 아닌가?

그러고 보면 이세상은 판타지 소설에 나오는 마법의 세상처럼 여겨진다.

마법사가 당신을 보면서 "개구리가 되라"라고 명령하자 당신은 금방 개구리가 되어 괴로워한다.

이전의 뇌는 이렇게 작동했다.

그래서 늘 괴로움에 있었다.

타인이 하는 모든 말들을 진짜로 받아들이며 괴로워하던 당신이 새 뇌를 갖게 되면 어떻게 될 것인가?

당신은 더 이상 다른 사람의 인식의 노예로 살아가지 않게 된다.

타인에 의해서 당신이 규정되는 것은 이상한 일이다.

그래서 당신은 그것이 이상한 일이라는 사실을 깨닫고 정신을 바짝 차리며 인식의 주인이 된다.

그리고 자신이 모든 것을 인식할 수 있는 사람이라는 사실을 알게 되면 당신은 당신의 주변의 것들을 인식하게 되는데 그들은 모두 당신의 세상에서 당신의 인식을 통해서 탄생하는 것들이기 때문에 당신의 자식들이나 다름이 없다.

그래서 당신은 당신의 세상의 모든 것들을 나쁘게 탄생시킬 필요가 없다는 사실을 알게 된다.

그래서 현명한 왕처럼 당신은 당신의 세상의 모든 것들을 아름답게 인식하고 그 세상의 오롯한 왕으로 태평성대를 누리게 된다.

03 사람들이 바뀌었어

어떤 사람이 당신이 없는 자리에서 당신을 비난하는 일이 있었다. 당신은 몹시 화가 났고, 그것으로 인해 당신은 지금 괴롭다.

하지만, 당신에게 당신의 조련사가 묻는다.

"그래, 괴롭구나. 그런데 그는 왜 너를 비난했을까?"

호랑이는 조련사에게 대답한다.

"그는 나쁜 사람이에요. 내가 하지도 않은 일을 가지고 나를 비난하잖아요. 그는 악마에요"

당신의 조련사는 미소를 지으며 묻는다.

"그렇군. 그런데 그가 네가 하지도 않은 일로 너를 비난했다는 사실을 알고나 있을까?"

당신이 힘차게 대답한다.

"그럼요. 당연히 알고 했겠죠"

다시 조련사가 묻는다.

"그럼, 그가 네가 그 소리를 전해 듣고 자신을 좋아할 거라고 생각할까?"

당신은 답한다.

"그렇게는 생각 못하겠죠"

조련사가 다시 묻는다.

"그러면, 그는 너에게 미움을 받고 싶을까?"

당신은 점점 자신 없는 목소리로 대답한다.

"그건 아니겠죠"

조련사는 옅은 미소로 또 묻는다.

"그런데 왜 그랬을까?"

당신은 조금 떨떠름한 표정으로 답한다.

"글쎄, 어리석어서 그런 거죠. 한치 앞도 못 보고 그런 거에요"

조련사는 더 큰 미소로 묻는다.

“그래, 그는 무지했구나. 이 일을 통해서 너를 위해 할 수 있는 생각이 있다면 어떤 게 있을까?”

호랑이는 생각이 점점 깊어지더니 이렇게 말한다.

“저도 그럴 때가 있었나 생각해보겠네요. 그리고 그럴 때를 찾아내겠네요”

조련사는 고개를 끄덕이며 말한다.

“그렇구나. 너는 너도 무지할 수 있다는 생각을 하게 되었구나. 대단하다. 그러면 너의 무지를 자각시켜 준 그는 어떤 사람일까?”

호랑이는 담담하고 흐뭇한 표정으로 말한다.

“스승이네요”

새 뇌는 자신과 함께 하는 모든 사람들로부터 배우게 된다. 그러므로 새 뇌로 만나는 모든 인간은 다만 스승일 뿐이다.

당신을 비난하는 사람이 되었건, 당신을 무시하는 사람이 되었건 관계없다. 그냥 그들은 모두 당신의 스승일 뿐이다.

새 뇌로 사는 세상에서 만나는 모든 사람들은 당신에 의해서 디자인되어 스승이 된다.

그래서 당신에게는 배움만이 존재한다.

04 모든 상황이 바뀌고 있어

당신은 오늘 저녁 친구를 만나기로 했다. 그리고 그와 함께 저녁을 먹기로 해서 점심때 고민하다가 점심도 굶고 저녁 시간을 기다렸다.

오랜만에 만나는 친구라 기쁜 마음으로 지하철을 타고 약속장소에 도 착해보니 너무 빨리 도착했다. 그래서 당신은 근처 서점에서 이것저것 책을 살펴보며 시간을 보내다가 약속시간이 다 되어 약속장소로 자리를 옮겼다.

좀 일찍 도착해서 어디쯤 오고 있는지 묻기 위해 전화를 걸었지만, 전화를 받지 않았다.

이제 약속시간은 30분이 지나서 식당 주인이 음식을 주문하지 않으면 자리를 비워 달라고 말한다. 당신은 조금 당황스러웠지만, 미안하다고 말하고 자리에서 일어나 전화를 걸어보았지만, 여전히 불통이다.

옛날의 당신 같으면 금세라도 화가 났을 것이지만, 당신의 뇌는 이제 새 뇌가 되었고, 당신이 뇌에서 수집하는 믿음은 배움과 감사다. 그래서 당신은 식당밖에 나와 생각해 본다.

'이 친구가 전화도 안되는 것을 보니 혹시 전화기를 잃어버렸을까? 밖에서 조금 기다리다 안 오면 가야겠다.'

당신은 식당 바깥에서 지나가는 사람들을 쳐다보다가 초저녁부터 취해서 인사불성이 된 사람을 보게 되었다.

그는 자신의 몸도 못 가눈 채 함께 있는 사람들의 도움으로 택시를 잡고 있었다.

그 사람의 친구가 술 취한 사람이 알아듣지도 못하는데 하는 소리가 당신에게 들어온다.

"아니, 그러게 능력도 안되면서 왜 그렇게 빨리 마셔 가지고 벌써 인사불성이 되냐? 오늘 완전히 이 녀석 때문에 다 버렸네"

당신은 그 말을 들으며 스스로 생각에 잠겼다.

'음, 그래 자신의 주제도 알지 못하고 오버를 하면 모든 것을 망치는구나. 내가 주제넘게 망쳤던 일은 뭐가 있을까?'

'그래, 지난번에 아이에게 작은 일에 소리지르고 짜증 냈던 일도 그런 일이겠구나, 좋은 엄마이고 싶었는데, 행복한 가정을 이루고 싶었는데 내가 나를 지키지 못하니까 내 세상이 망가지는구나'

당신은 이렇게 당신의 삶을 성찰하는데 많은 시간을 보내며 성숙하고 있었다.

그때 친구가 헐레벌떡 달려오는 것이 눈에 들어왔다.

"미안해, 정말 미안해, 나오는데 사무실에 폰을 두고 나왔는데 늦을 것 같아서 그냥 오다가 버스가 사고가 났지 뭐야. 오랜만에 만나는데 정말 미안해. 밥도 못 먹었지?"

당신은 미소를 지으면서 대답한다.

"괜찮아. 나는 덕분에 아주 소중한 시간을 보냈어. 내 삶을 성찰하다보니 시간 가는 줄도 모르고 있었는 걸"

그리고 시계를 보니 이미 만나기로 한 지 한 시간 반이 지나 있다.

옛 뇌를 가진 당신에게 이런 상황은 짜증과 불만의 상황이었을 것이다. 그리고 당신의 친구와 소원해지는 계기가 되었을 수도 있다.

하지만, 새 뇌를 가진 당신에게 어떠한 상황도 그냥 소중한 상황이다. 왜냐하면 당신은 당신에게 주어지는 모든 상황에서 배움과 감사를 건져올리는 그물을 가졌기 때문이다. 그것을 통해 당신의 삶은 누구보다 행복하다 윤택해졌다고 당신은 고백할 것이다.

05 내 미래도 바뀌고 있어

이렇게 당신은 당신이 만나는 모든 사람들을 새롭게 디자인하고 당신이 겪게 되는 모든 상황을 긍정적으로 디자인한다.

그러는 동안 당신은 완전히 새로운 존재로 거듭난다.

성경에 있는 아주 재미있는 이야기가 있다.

니고데모라고 하는 관리가 예수에게 찾아와서 하나님나라로 가는 방법에 대해서 묻는다.

그러자 예수가 이야기한다.

"다시 태어나야 하느니라, 다시 태어나지 않으면 하나님께로 갈 자가 없느니라"

그러자 니고데모가 묻는다.

"그러면 어머니 뱃속으로 다시 들어갑니까?"

그러자 예수가 대답한다.

"내가 말하는 것은 육에 대한 이야기가 아니라, 영에 대한 이야기를 하는 것이다"

여러분이 다른 존재가 된다는 것은 몸에 대한 이야기가 아니다. 뇌에 대한 이야기이다.

사람들은 자신의 몸이 아름다워지면 자신의 세상이 아름다워질 것이라는 생각을 하는 것 같다.

하지만, 이것은 큰 착각이다.

아무리 예뻐진다고 사랑받지는 못 할 수도 있으니 말이다.

그렇지만 사람들의 시도는 끝이 없다. 이 믿음은 어지간 해서는 변하지 않는다.

그래서 몸을 바꾸기 위해서, 얼굴을 바꾸기 위해서 성형수술도 해보고 별별 시도를 다 해보지만, 그것도 오래 유지되지 않는다.

결국 기다리고 있는 것은 죽음밖에 없다.

하지만, 뇌를 바꾸는 것은 돈이 들지 않는다.

하지만, 단언컨데 따라하다 보면 당신의 미래는 바뀌어 있고, 당신이 사는 세상은 천국이 되어있을 것이다.

옛 뇌를 가졌을 때 당신을 기만하고 무시하고 분노하게 했던 모든 사람들이(당신이 감사와 배움으로 새 뇌를 갖게 되면) 당신을 섬기는 사람들로 변해 있을 것이기 때문에 당신의 미래는 당신이 예기치 않은 기회와 행운들로 가득 차게 될 것이다. 당신은 더 감사할 일이 생기게 될 것이고 더 배울 일이 생기게 될 것이다.

당신이 접하는 모든 세상들도 당신을 숭배하며 당신에게 더 감사할 거리를 만들어 내기 위해 애쓸 것이다.

당신은 겸손한 왕처럼 당신의 세상에서 일어나는 일들을 바라보며 미소 짓게 될 것이다.

이것이 이 책을 실천해서 당신이 보게 될 미래이며,
당신이 살게 될 세상이다.
세상은 오묘하다.
당신이 화를 내면,
당신이 화내는 것을 좋아하는 사람이라고 생각하고
화날 일들을 선물한다.
하지만, 당신이 감사하면 세상은 당신이 감사할 일들을 좋아하는 사람이라고 생각하고 감사할 일들을 선물한다.
이것은 당신의 뇌가 당신의 세상을 만들고 있기 때문에 일어나는 섭리이다.

이렇게
놀라운 당신의 뇌는
당신의 주인이 아니라
당신의 종이다.

당신이 갖고 싶어하는 것들을 당신에게 갖다 받치는 종,
그것이 당신의 뇌라는 사실을 깨닫게 되고
그것을 실천하게 된다면,
당신의 뇌가 새 뇌가 된 것을 당신은 증명하게 될 것이다.

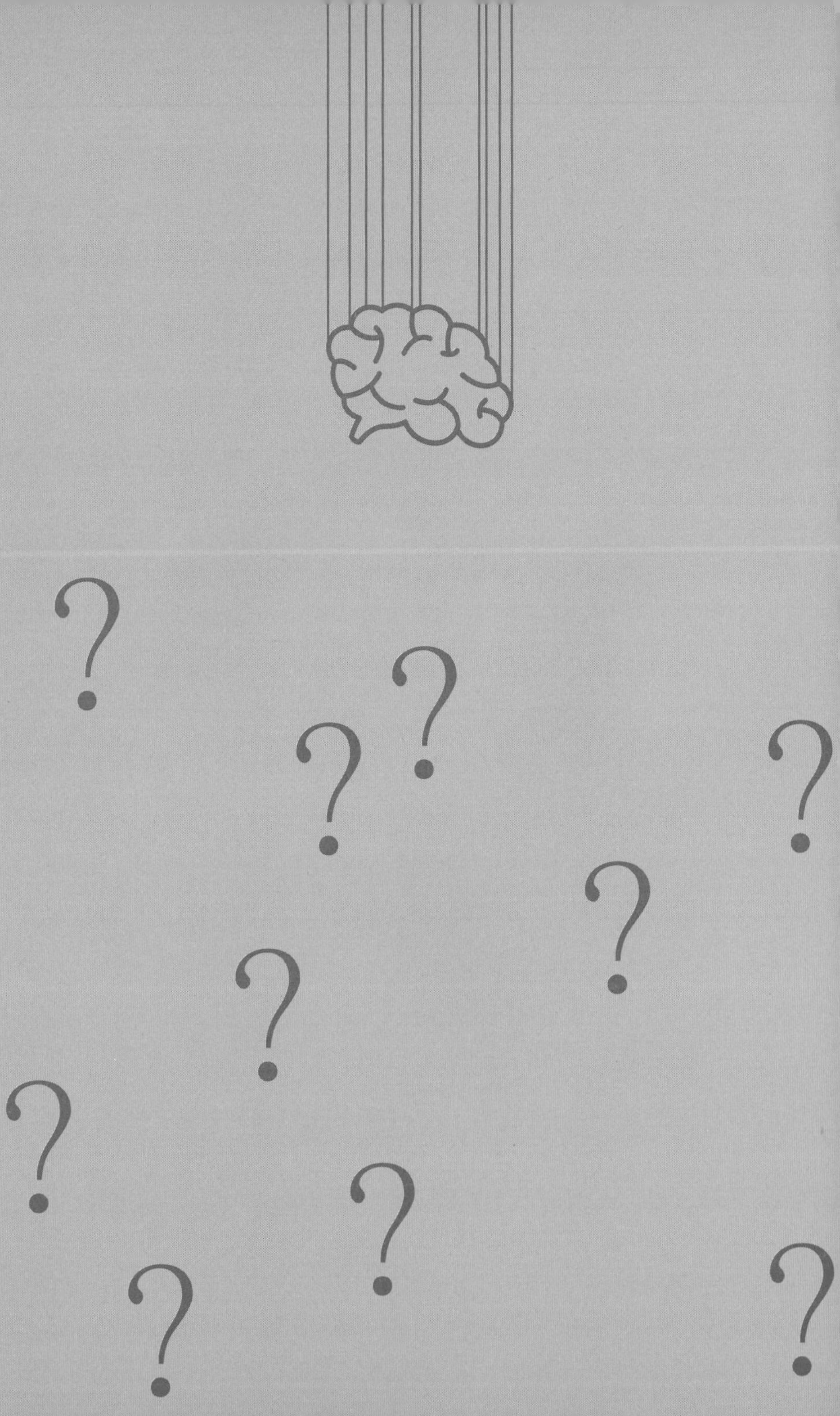

모든 사람들이
다시 시작하고 싶어한다.
하지만,
다시 시작하는 사람은
딱 한사람 밖에 없다.
지금 다시 시작하는 당신!!!

세상에서 가장 위험한 책 새/뇌/혁/명

Part II.

이제 어떻게 뇌를 바꾸는지 볼까?

이제 어떻게 뇌를 바꾸는지 볼까?

사람들에게는 타성이 있다.

타성이라는 말은 오래되어 굳어진 좋지 않은 버릇이나 오랫동안 변화나 새로움을 꾀하지 않아 나태하게 굳어진 습성을 의미한다.

엄격히 말한다면 이 타성은 뇌에 있는 것이다.

사람들이 결혼을 하고 자녀를 낳았을 때, 그들은 모두 훌륭한 자녀를 낳고 기르기를 원한다. 하지만, 원치 않게 조금의 장애를 갖는 경우도 있고 후천적으로 정신적인 문제에 봉착하는 경우도 있다. 처음에 문제를 인식할 때, 사람들은 깜짝 놀라게 되고 그것을 극복하기 위해 여러 방면으로 방법을 강구한다. 하지만, 시간이 흐르면서 이 타성이 뇌를 장악해버린다.

그러고 나면 그것을 운명이라고 받아들인다. 어떤 면에서 보면 이것은 매우 타당한 것일 수도 있다. 왜냐하면 그렇게 받아들이지 않는다면 평생을 자신의 불운을 한탄하면서 살아갈 수도 있기 때문이다.

하지만, 뇌는 변할 수 있다. 그리고 모든 문제는 보이지 않는 것으로부터 왔다. 그렇기 때문에 타성의 순기능이 있다고 하더라도 그것을 버려야 한다.

나에게 찾아오는 사람들 중에는 자신의 아들들의 고민을 가지고 오는 이들이 꽤 많다. 그들은 한결같이 자신의 아들이 매우 똑똑했고, 미래가 밝은 아들이었는데 정신적인 문제로 인해 지금의 문제에 봉착했다고 말한다.

한번은 어떤 남자가 찾아와 자신의 아들이 '은둔형 외톨이'이기 때문에 자신이 죽고 난 후에도 살아가기를 바라는 마음에 열심히 돈을 벌고 있는데 마음이 답답하고 슬프다고 말한 기억이 난다.

나는 그에게 내가 해줄 수 있는 조언들을 통해 나름의 방법들을 알려주었지만, 그는 자신 없는 표정을 하며 나에게 말했다.

"그 아이가 나오지 않을 거에요"

노년의 어떤 남자는 정신적으로 문제가 생긴 40대의 아들이 자신이 버는 월급보다 많은 돈을 술로 탕진한다며 괴로워한다.

그래서 내가 하는 세션에 한번 데려오라고 말했지만, 고개를 가로저으며 그가 말한다.

"말은 한번 해보겠지만, 술에 절어서 살아가는데 그런 곳에 가겠어요?"

심지어는 자신이 가지고 있는 정신적인 문제들 때문에 스스로 괴로워하면서도 그것으로부터 빠져나오려고 노력하는 사람보다 그냥 그곳에 갇혀서 살아가는 사람들이 더 많다.

솔직히 말하면 대부분이 그렇다.

참 아이러니 하게도 심지어 그들은 어떤 삶이 훌륭한 삶인지도 알고 있고, 어떻게 살아야 하는지를 누구보다도 잘 아는 사람도 있다.

그래서 아인슈타인이 이렇게 말했을까?

"어제보다 나은 내일을 꿈꾸며 오늘 아무것도 하지 않는 사람은 정신병의 초기 증상을 앓고 있는 것이다"라고 말이다.

타성에 젖어서 살아가는 것은 편하고 쉬운 일이다. 하지만, 그에게 삶은 매우 힘들지도 모른다.

지금까지 새 뇌를 갖기 위해 필요한 요소들에 대한 설명과 그것들이 작용을 일으켰을 때 일어나게 되는 일들에 대해서 자세히 알아보았다. 하지만, 다 읽고 나서도 "도대체 어떻게 하라는 거야"라는 질문을 가진 사람들을 위해서, 그리고 타성에 젖어서 다시 이불 속으로 들어가는 사람들을 위해서 아래와 같이 정리해 보았다.

아래의 순서대로 훈련하는 동안 당신은 새 뇌를 갖게 될 것이다.

01 먼저 뇌를 씻어내자

뇌 세척이 이루어지는 방법은 위에서 설명한 대로이지만, 이것을 보다 쉽게 직관적으로 돕기 위해 나는 “뇌 세척 명상”이라는 영상을 만들었다.

이것은 유튜브에 올라가 있으며 스크립트 내용은 다음과 같다.

여러분에게 추천하는 것은 이 명상을 매일 아침 틀어 놓고 시작하는 것이다.

그냥 틀어 놓기만 해도 좋고, 명상하는 자세를 취하고 들어도 좋다.

그리고 다음의 스크립트는 혼자 조용히 읍조리면서 상상하는 것도 좋다.

새 뇌를 위한 아침명상

당신의 뇌를 청소하기 위한 아침 명상을 시작합니다.

깊은 숨을 들이쉽니다.
그리고 내쉽니다.
다시 깊은 숨을 들이쉽니다.
내 쉽니다.
다시 깊은 숨을 들이쉽니다. 그리고 잠깐 멈춥니다.
그리고 천천히 숨을 내쉬면서 자연스럽게 눈이 감깁니다.
(싱잉볼 소리)
이 소리가 당신의 고막에 도착하는 것을 느낍니다.
이 소리는 당신의 고막을 타고 당신의 뇌로 들어갑니다.
당신은 당신의 뇌를 타고 들어간 이 소리가
당신의 뇌에 퍼져 있던 부정적인 작용들을
모두 걷어내는 모습을 상상합니다.
이 소리는 당신의 뇌 속에 깊이 찌들어 있던
부정적인 때들을 하나씩 걷어냅니다.
이 소리는 당신의 뇌 곳곳에 숨어서
당신의 삶을 더럽혀왔던 부정적인 찌든 때를 걷어냅니다.
이 소리는 당신의 뇌 깊은 곳까지 전달되고
그 곳에 숨겨져 있던 부정적인 찌든 때를 마저 걷어냅니다.

당신의 뇌에는 이제 새로운 그물이 형성됩니다.
이 그물은 당신의 뇌 전체를 감싸고 있습니다.
그리고 이 그물은 신비한 빛으로 빛나고 있습니다.
이 소리는 당신의 이 그물을 신비하게 빛나게 도와줍니다.
이 소리를 따라 당신의 이 그물은 영롱하고 신비롭게 빛이 납니다.
당신의 뇌에 만들어진 이 새그물로
당신은 오늘 하루 세상에서 그동안 당신이 발견하지 못했던
아름다운 것들을 건져올리게 될 것입니다.
가까운 가족이 자신도 모르게 당신에게 내뿜는 짜증을 보고 짜증을 내는 대신에
입가에 한껏 미소를 지으며,
사랑받고 싶어서 당신에게 애초롭게 사랑을 갈구하는
그의 마음을 보고 꼭 안아주고 싶은 마음을 갖게 됩니다.
일터에서 당신에게 날카로운 비판과 비난을 하는 사람을 보고
화를 내는 대신에 당신의 발전을 위해 애쓰는 고마운 사람으로 인식하게 됩니다.
오며 가며 일어나는 복잡하고 번거로운 많은 일들에
당신은 짜증을 내는 대신에 입가에 큰 미소를 지으며,
당신의 세상을 살아가는 많은 백성들을 너그러이 바라보는 왕의 모습을 상상해 봅니다.
(싱잉볼 소리)
당신의 뇌는 이제 새로워졌습니다.
오늘 하루 당신은 당신의 새로운 뇌가 건져올릴
수많은 아름다운 것들로 가득 채워질 행복을 만끽하게 될 것입니다.
마치 날마다 세수를 하듯이,
매 순간 손을 씻듯이 당신의 뇌는 계속해서 새로워질 것입니다.
이제 가만히 눈을 뜨고 당신의 새로운 세상을 맞이해 보세요.

02 뇌에게 이것을 보여줘야 해

뇌의 망상활성계라는 그물을 바꾸기 위해서 우리는 확증편향을 바꾸기 위한 핵심내용을 공부했다. 그런데 이것을 매번 떠올리면서 삶에 적용하는 일은 정말 쉽지 않은 일이다.

이것을 보다 효과적으로 하는 방법은 시각화하는 것이다.

즉 확증편향을 감사와 배움으로 갖게 만들기 위해서 당신이 할 수 있는 시각화는 아래의 세 가지 정도로 추천할 수 있다.

a. 당신이 처한 상황에서 당신이 감사와 배움의 확증 편향으로 만들어질 가까운 미래

이것은 말 그대로 당신은 매 순간 그 다음 순간에 당신이 감사와 배움의 확증편향으로 건져 올린 것들로 바뀔 당신의 가까운 미래를 상상해 보는 것이다. 예를 들자면 당신이 누군가와 대화를 시작하기 전, 당신이 그 사람과의 대화에서 이 감사와 배움의 확증편향으로 건져 올리다 보면 맞이하게 될 이 미팅의 마지막 모습을 상상해보는 것이다. 다시 말해서 미리 미래를 계획해버리는 것이다. 어차피 뇌에서는 과거나 현재나 미래가 중요하지 않다. 미래를 좀더 미리 끌어다 놓았다고 불평하지 않는다. 그냥 그 모습을 떠올리면 된다.

b. 당신이 추구하는 미래의 상(像)

매번 위의 시각화가 어렵다면 당신이 10년 후, 혹은 당신의 삶의 목적지에서 사진을 한 장 찍는다면 당신이 원하는 그 사진 한 장을 떠올려도 좋다. 이 상은 한 번만 세팅해 놓으면 매번 새로운 상(像)을 생각할 필요가 없다는 장점이 있다.

c. 당신이 원하는 그의 상 (像)

세 번째는 당신이 매 순간 당신이 닮고 싶은 큰바위 얼굴의 상(像)을 떠올리는 것이다. 어떤 사람은 부처님의 인자한 상(像)을 생각할 수도 있고, 어떤 사람은 예수님을 떠올려도 좋다.

누가 되어도 상관없고 다만, 당신이 생각하는 최고의 인물과 닮아가도록 당신이 정하기만 하면 된다.

03 순서를 말해줄게

위의 내용이 일반적인 상황에서의 훈련이라면 지금부터 알려줄 내용은 자신에게 불편한 일이 발생했을때 자신의 뇌의 통제실을 조련사가 장악하기 위한 프로세스다. 이 프로세스에 맞추어 훈련하다 보면 어느새 당신은 새로운 뇌를 갖게 될 것이다.

지금까지 당신이 갖고 있던 고장 난 뇌를 완벽히 새로운 뇌로 바꾸는 동안 당신의 삶은 완전히 새로운 삶이 될 것이다.

하지만, 어떤 사람은 된다고 증명하며 이 책을 자신의 삶에서 가장 소중한 책이라고 말할 것이고, 어떤 사람은 안된다고 증명하면서 쓸데없는 짓을 했다고 말할 것이다.

나는 그저 웃으며 둘 다 맞다고 말할 것이다.

선택은 여러분의 몫이다.

a. 알아차리기

가장 먼저 당신이 해야 할 일은 알아차리기이다. 이것은 당신의 느낌이 이상한 것을 알아차리는 것이다. 그것을 알아차리지 못하면 느낌은 이미 감정이 되어 당신을 괴롭히기 시작할 것이다. 이때가 되면 인내하든지 화내든지 둘 중에 하나밖에는 없다.

하지만, 느낌의 단계에서 알아차리면 불은 일어나지 않는다.

위에서도 언급한 바와 같이 알아차리기 위해서는 당신의 감각기관들의 움직임을 관찰하는 습관을 들이면 제일 좋다. 그러면 당신은 그들을 감시하게 되는 효과가 생긴다. 그리고 훨씬 더 잘 알아차리게 된다.

b. 정지하기과 감사한일 떠올리기

알아차림이 일어나게 되면, 즉 이상한 느낌을 감지하게 되면 당신은 여지없이 정지버튼을 눌러야 한다. 그러면서 해야 할 꿀 팁이 있다. 정지버튼을 누르면서 바로 심호흡을 해야한다. 지금은 그냥 쉽게 깊은 숨을 쉬기만 해도 좋다. 그러면서 중요한 것은 가장 감사했던 일 하나를 기억의 저장소에 보관하고 있다가 그것을 끄집어 내는 것이다. 이때도 시각화가 함께 일어나면 좋다. 뒤에 말하는 시각화와 조금 다른 내용이지만, 시각화는 늘 도움이 된다. 정지하고 감사하기를 함께 일으키게 되면 당신의 느낌이 감정에 불을 붙이는 일이 줄어들게 될 것이다. 하지만, 이 정지버튼과 감사한일 떠올리기를 꼭 알아차림에서만 할 필요는 없다. 그냥 매순간 시간이 날때마다 습관적으로 하게 되면 당신의 망상활성계의 그물을 지속적으로 바꾸게 된다.

c. 시각화

감사한 일을 떠올리는 시각화를 하면서 위에서 언급한 시각화를 함께 진행하면 매우 좋다. 예를 들어 당신에게 낯선 사람이 무례하게 굴어 당황한 일이 생겼다고 가정해보면, 당신은 먼저 그 이상한 느낌을 알아차리고 정지하며 감사한 일을 떠올린 다음, 자신이 시각화의 대상으로 삼았던 어떤 성인, 예컨데 부처님(예수님)의 표정을 떠올리며 그것을 당신의 얼굴과 오버랩 시킨다. 그러는 동안 당신은 부처님(예수님)처럼 평온한 모습을 갖게 된다.(그걸 하라고 절에 불상이 있는 듯 하다)

d. 디요우, 사이누

그런 다음 당신에게 필요한 주문을 소개한다. 당신은 당신에게 다가

와 당신에게 무례하게 구는 낯선 사람이 앞에 있다고 생각하지만 그것은 거짓이다. 왜냐하면 4번째 거울에서 보았듯이 당신과 세상의 관계는 단지 거울 앞에 선 당신이 바라본 거울과의 관계와 같다.

즉, 당신이 어느 날 넥타이를 매고 거울 앞에 섰는데 넥타이가 비뚤게 매어져 있다고 해서 거울 속 자신의 넥타이를 바로잡지 않는 것과 같다. 당신이 바로잡아야 할 것은 바로 자신 밖에는 없다. 이제 당신은 당신의 앞의 낯선 인물을 비뚤어진 넥타이로 보아야 한다. 그리고 그것을 바로잡기 위해 이 주문을 외워보라.

당신의 앞에 보인 그 상(像), 즉 당신을 자극한 그 낯선 사람은 거울 속의 상(像)이며, 그것은 거짓이다. 그러므로 당신은 그 거짓 상(像)을 지워버린다. 그것이 디요우(Destroy your old world)이다. 당신은 이미 지나버린 과거의 상(像)을 지워버리는 주문을 외운다. 그리고 당신의 새로운 세상을 만들어 낸다. 그것이 바로 사이누(Creat your new world)이다.

이것은 당신이 눈을 감았다 뜨는 것을 관찰하면서 이루어지면 훨씬 더 효과적이다.

눈을 감을 때 상(像)을 지워버린다. 눈을 뜰 때 새로운 상(像)이 만들어진다.

이것을 프로세스와 관계없이 매번 주문처럼 외우면서 하고 있어도 좋다. 그러면 굳이 이 프로세스를 처음부터 할 필요가 없어질 수도 있다. 또한 정지버튼을 누를 필요가 없을 수도 있다. 눈치가 빠른 분들을 아시겠지만, 여기에서 알려드리는 프로세스는 연결해서 해도 되고 그렇지 않아도 된다. 어느 것 하나라도 당신의 삶에서 습관처럼 이루어지면 당신의 뇌가 인식하는 세상이 바뀌게 될 것이다.

바뀐 세상에서 행복하게 살아갈지 아니면 옛날 세상에서 괴로워하며 살아갈지 늘 당신의 선택이다.

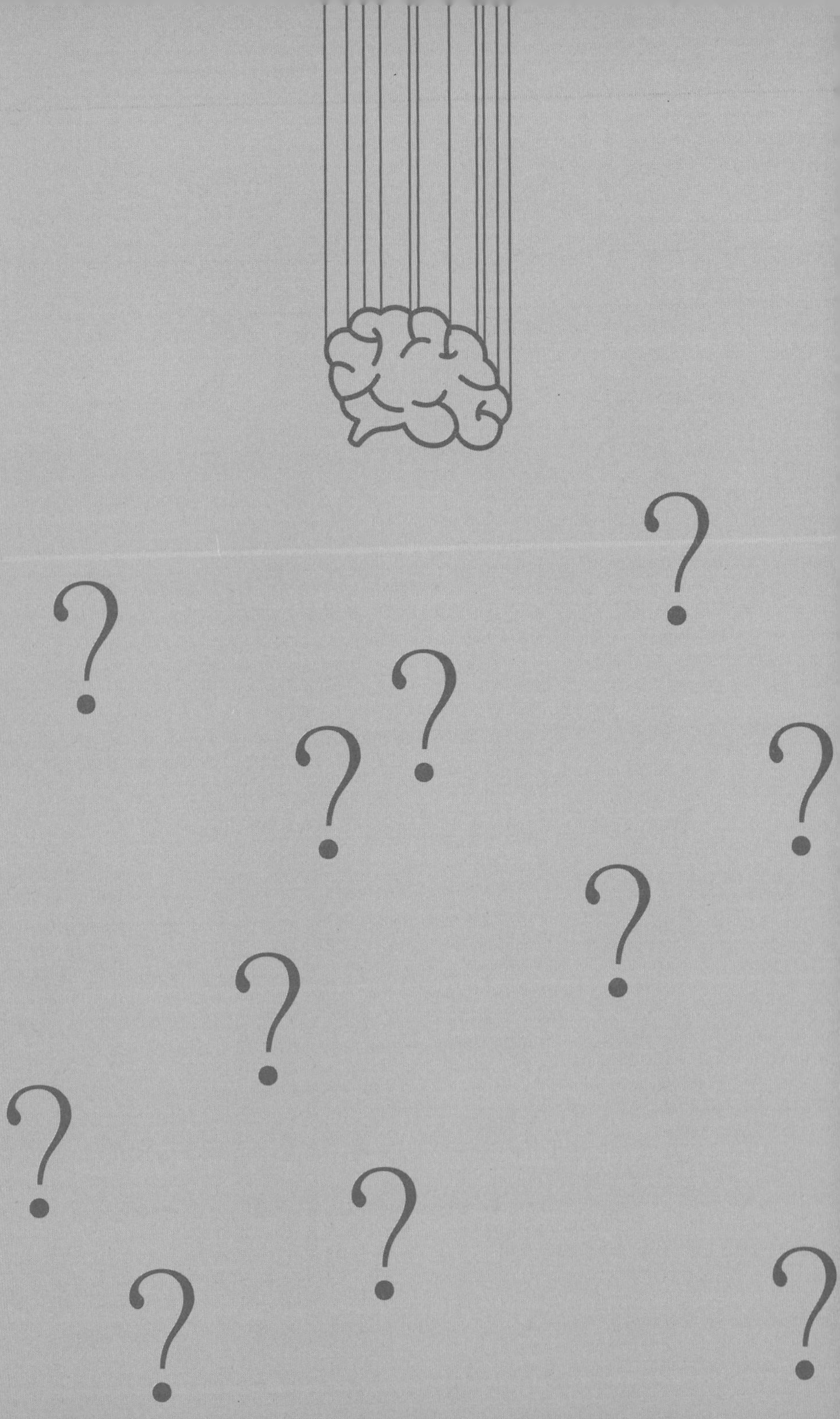

천천히 발걸음을 옮겨라.
그리고 발끝을 바라보라.
세상이 당신을 천천히 따라오며
순종할 것이다.

세상에서 가장 위험한 책 새/뇌/혁/명

Part 12.

뇌를
확장공사
하는 거야

뇌를 확장공사 하는 거야

지금까지의 여정에서 우리는 현실적이며 실천 가능한 뇌의 변화에 대한 이야기를 해왔다.

많은 사람들이 사실은 자신의 운명을 바꾸고 싶어한다. 그렇기 때문에 늘 계획을 세우고 그것을 다시 수정하기를 반복한다.

사람들은 기본은 되어 있다고 생각하고 기본 이상을 달성하는데 포커스를 맞춘다.

하지만, 모든 건물이 기초위에서 올라가듯이 기본기가 탄탄히 되어 있으면 그 위에 지을 집은 훌륭할 수밖에 없다.

기초가 잘못되어 있기 때문에 우리들의 계속된 시도가 수포로 돌아가고 마는 것이다.

우리가 흔히 쓰는 말 중에 '작심삼일'이라는 말이 있다.

마음을 먹어도 삼일이면 흐지부지된다는 말이다. 물론 그 이유는 앞서 편도체에 대해서 설명한 것처럼 뇌에 있다.

하지만, 나는 지금 작심에 대해서 말하려고 한다.

작심(作心)은 마음을 짓는다는 것이다. 마음을 만든다는 의미이다. 그것은 그동안의 마음이 잘못 지어졌기 때문에 다시 짓겠다는 것이다.

그동안의 마음은 자신이 지은 것이 아니기 때문에 이상하게 지어졌을 것이다. 그것을 느꼈기 때문에 사람들은 작심한다. 그리고 자신이 자신의 마음을 짓기를 원한다. 그래서 행복할 수 있다는 사실을 이미 알고 있는 것이다.(자신의 삶이 불행하게 느껴진다면, 그것은 분명 작심에 문제가 생긴 것이라고 사람들은 이미 알고 있기 때문에 다시 작심하고 계획을 세운다는 의미이다.)

마음이 곧 뇌다.

"마음을 만드는 것" 그것이 바로 "뇌를 만드는 것"이다.

그래서 작심은 바로 자신의 뇌를 자신이 만들겠다는 다짐이 된다.

그동안 통제실에 앉아 있던 호랑이 입장에서는 얼마나 당황스러운 일이겠는가? 자신이 주인이라고 철석같이 믿고 있었는데 뇌에 진짜 주인이 나타났다면 상당한 충격일 것이다. 그래서 뇌는 스스로 그것을 거부하는 것 같다.

하지만, 이제 우리는 모든 비밀을 알게 되었다.

그래서 뇌를 만들어야 한다. 이것은 처음부터 다시 만드는 것과 다를 바가 없다.

그래서 아예 기초공사부터 다시 한다. 더 넓게, 더 아름답게 짓기 위해서 말이다.

이제 단순한 디자인을 너머서 확장공사가 이루어지는 것이다.

이것은 혁명적인 일이다. 당신의 뇌에 혁명이 일어나는 것이다.

새 뇌를 갖게 되면 새 세상이 열린다.

당신은 당신 자신의 혁명가가 되고, 당신의 온세상에 혁명을 가져올 위대한 사람이다.

당신이 지금까지 해왔던 실패에 최선이라는 변명을 하고 있다면, 나는 감히 당신에게 말하고 싶다.

"당신이 해야 할 일은 최선이 아니라 위대한 일입니다."라고 말이다.

이것이 새 뇌 혁명이다.

01 더 이상 문제는 문제가 아니야

어느 날 당신이 손톱을 깎다가 거스러미가 생겨서 그것을 뜯어냈더니 염증이 생겼다. 이내 고름이 생기고 당신은 그것 때문에 여러 가지 불편함과 걱정이 생겼다.

그러던 어느 날 당신 아들의 학교에서 선생님이 불러서 가 보았더니 학교에서 다른 학생들을 괴롭혀서 신고가 들어왔단다. 기분이 언짢아 집에 돌아오는 길에 접촉사고가 일어났다. 잘잘못을 가리기 위해 상대편 운전자와 대화를 하다가 언성이 높아지고 서로 불편하게 헤어져 집에 돌아와서 당신의 손톱을 바라보며 당신은 생각에 잠긴다.

손톱을 잘못 자른 것도 당신이며 자식을 그렇게 키운 것도 자신이며, 차를 잘 못 운전한 것도 자신이며, 싸움을 한 것도 자신이다. 모든 문제가 자신에게 있다는 사실을 알게 되었을 때 당신은 지금 해결해야 할 문제가 자신에게 있다는 것을 알게 되었다.

문제는 더이상 문제가 이니다.

02 내가 문제보다 더 중요하지

이렇게 사소한 일들에 대한 걱정을 하고 있는데 어느 날 일본과 전쟁이 났다. 당신은 이미 군을 전역한지 오래되었지만, 전쟁을 치를 군인들이 없어서 당신 또한 차출되었다. 처음에는 처자식과 모든 것들이 위협당하는 것을 버리고 도망가고 싶었지만, 전쟁터에 들어오자 당신은 이나라를 지켜야겠다는 애국심이 생겼다. 당신은 열심히 싸웠다. 당신에게 이런 에너지가 있다는 사실에 놀랄 정도로 당신은 전우들과 함께 열심히 싸웠고 팽팽한 전쟁은 한동안 지속되었다.

그렇게 전쟁을 하고 있는데 느닷없이 다른 행성에서 지구를 공격하는 일이 발생했다. 지금 일본과의 전쟁은 이제 더 이상 중요하지 않게 되었고, 세계는 단일정부를 구성하고 지구 방위군을 모았다. 어제 적으로 싸우던 일본과도 연합을 해야 했다. 그리고 지구방위군에 모든 나라의 군인들이 함께 외계인들과 대적해서 싸우게 되었다.

수많은 사람들이 죽었고, 외계인들도 수없이 죽었다. 잔혹한 전쟁이 여러 해 동안 지속되었고, 일본과 연합한 한국군에서 어제의 적과 당신은 전우가 되어 전우애를 다졌다. 참 아이러니한 일이었다.

참 이상한 일이지 않은가?

문제가 커지는 동안 당신도 커지고 있지 않은가?

당신이 손톱에 매몰되어 있을 때 당신은 손톱만한 좀스러운 뇌를 사용하게 되지만, 당신이 우주평화를 위해 싸우게 되면 당신은 전 우주적 존재가 된다.

그리고 마침내 우주와 하나된 거대한 존재가 될 수도 있지 아니 한가?

이것은 질문의 비밀에서 다루었던 초월의 존재에 대한 이야기를 문제와 결부해서 다른 방식으로 설명해 보는 것인데, 이를 통해서도 우리는 초월의 존재이며 이 존재가 갖게 되는 뇌가 초월의 뇌라는 사실을 다시 알 수 있다.

이처럼 뇌는 자신의 처지에 따라서 커진다. 즉 필요에 따라서 작용한다는 것이다. 그래서 예전에 미스코리아를 TV에서 하던 시절에 미스코리아가 된 분들이 하나같이 "세계평화를 위해서 열심히 해보겠습니다"라고 이야기했는지도 모른다.

우리의 존재는 이처럼 자신의 안에 절대로 갇혀 있지 않다.

하지만, 갇혀 있을 수도 있다. 그것은 운명에 이끌려 사는 사람들에게는 선택의 여지가 없었다. 그렇지만 그것을 개척한 사람들은 자신의 안에 빗장을 열고 밖으로 나갔고 자신이 옹졸하게 자신의 안에 갇혀 있는 존재가 아님을 증명했다.

사람들이 유니세프에서 하는 말라죽어가는 아이들의 사진을 보며 기부를 결정하는 것도 이와 같다. 어쩌면 정치인들이 다투는 추한 모습을 보면서 나라걱정을 하는 것이나 미국의 대통령이 하는 일을 보면서 세계 걱정을 하는 것이나 똑 같은 맥락이라고 보면 된다.

그러니까 다시 말해 이미 우리의 유전자는 전 우주적인 인자를 가지고 있기 때문에 문제가 커진만큼 자신의 존재를 키운다. 하지만, 그런 문제를 인식하지 못하는 경우, 하나같이 자신의 안에 갇혀 스스로 괴로워하며 사는 불쌍한 존재로 전락하고 만다.

03 더 큰 뇌로 더 큰 세상을 살아보자

지금의 문제를 해결하는 방법에 사람들은 몰입해 있다. 이것은 현실적이지만, 바보 같은 일이 되곤한다. 왜냐하면 문제는 자신의 안에 있는데 그 문제가 바깥에 있다고 생각하고 그것에 몰입하는 순간 자신은 고작 그 문제 하나도 제대로 못 푸는 푼수로 전락하기 때문이다. 마치 거울의 넥타이를 교정하려고 거울의 멱살을 잡는 바보처럼 말이다.

문제는 어디든지 얼마든지 있다. 하지만, 문제들은 늘 당신에게 이렇게 말한다.

"나를 이겨내고 더 큰 당신이 되세요"라고 말이다.

작은 뇌를 가지고 그 말을 알아듣지 못하면 그 말은 들리지 않는다.

하지만, 문제를 해결한 어떤 사람도 그 문제가 걸림돌이 아니라 디딤돌이 되었다고 말하는 것으로 우리는 충분히 증명을 삼을 수 있다. 그렇지만, 문제를 해결하지 못한 모든 사람들에게는 그 문제는 여전히 걸림돌이 분명하다.

문제를 만나면 자신을 키우면 된다.

문제에 몰입하면 당신은 작아진다. 하지만, 문제를 바라보는 자신을 키우게 되면 그 문제는 더 이상 문제가 되지 않는다.

한마디로 "대도무문(大道無門)" 이라는 말이다.

길이 커지면 문은 아무런 의미가 없어진다.

앞서 말한바와 같이, 우리는 뇌를 단순히 리모델링 하는 것이 아니라, 확장공사를 하고 있다.

당신이 상(像)을 없애고 매번 새로운 세상을 만들어가면 당신이 살아가는 세상이 넓어진다.

당신이 살아가는 세상이 넓어진 만큼 당신은 평온하고 자유로워진다.

그러는 동안 가장 먼저 일어나고 있는 변화는 바로 당신의 뇌이다. 당신의 뇌가 커지고 있는 것이다. 그렇다고 당신의 뇌가 당신이 보는 세상이 넓어진 만큼 넓어진다는 의미도 아니고 그럴 필요도 없다. 당신의 뇌가 지금보다 조금만 커져도 당신의 세상은 무한히 확장할 수도 있다.

뇌 과학의 발달은 불과 40년동안 비약적이었지만, 뇌 과학이 뇌에 대해서 다른 장기들만큼 많은 확실한 의학적 지식들을 쌓고 있지는 못하다는 것이 정설이다.

그동안 뇌에 관하여 정설로 받아들여진 것은 인간이 일정기간 동안 생성된 뇌세포만으로 평생을 살아간다는 것이었지만, 성인이 되어서도 뇌세포의 생성 가능성을 입증하는 연구가 추가되고 있다. 게다가 두뇌를 많이 사용하는 부류, 예컨데 프로바둑 기사들의 뇌를 연구한 결과는 대뇌 전두엽과 대뇌 피질 하부를 구성하는 시상 등 영역들간 상호 연결성의 발달을 확인하였고 이를 통해 집중력, 기억력, 그리고 수행조절능력과 문제 해결 능력 등의 중요한 인지 기능 발휘를 효율적으로 할 가능성이 높다는 것을 입증했다. 또한 뇌의 측두엽 백질 영역이 발달한 것도 발견했다.

즉 뇌는 쓸수록 발달하고 실제 두께의 변화로도 이어진다는 것이다. 실제로 명상 등으로 전전두엽피질의 두께가 변화된 것을 확인하였으며, 이것은 물리적으로 뇌는 아주 작은 부피만큼 변화되지만, 그 변화가 그의 삶에 미치는 변화는 실로 어마어마하다. 왜냐하면 전전두엽은 뇌가 세상과 연결되는 안테나 같은 역할을 하기 때문이다.

만약 당신에게 라디오가 있는데 안테나가 고장이 났다면 라디오는 아무런 신호도 잡을 수 없어서 당신에게 고철과 다를 바가 없을 것이다. 하지만, 안테나가 차지하는 물리적 부피는 얼마되지 않지만, 안테나가 설치되면 무엇이든지 들을 수 있는 훌륭한 역할을 하게 되는 것과 맥이 닿아 있다.

지금의 훈련을 통해서 당신에게는 더 크고 강력한 확증편향이 생기게 되고 이것은 당신의 망상활성계의 그물을 더욱 긍정적이고 견고하며 크게 만들 것이다.

이 그물이 당신의 세상을 다 뒤덮게 될 것이며, 그곳에서 더 아름답고 고귀한 보물들을 끌어올리게 될 것이다. 그래서 당신은 더욱더 큰 확신이 생기게 되는 선순환을 갖게 될 것이다.

04 더 큰 내가 되어보자

이렇게 이 훈련을 통해서 더 큰 내가 되면 생기는 일은 아주 사소한 것부터 거대한 것까지 여러가지 변화가 일어날 것이다.

그것들을 임의로 나열해 본다면 아래와 같다.

a. 모든 정신적 문제가 해결된다.

이 훈련을 통해서 당신은 당신이 가진 모든 정신적인 문제들을 해결할 수 있게 될 것이다. 정신과 병원에는 조금 미안한 이야기지만, 사람들의 정신건강이 회복되어 건강을 유지하는 것이 당연한 것이며 좋은 일이 아니겠는가?

나는 내가 하는 과정들을 통해 많은 사람들이 자신의 정신적인 문제를 스스로 해결하고 행복해하는 것을 목격해왔다.

나는 그냥 그 길을 안내해줬을 뿐, 그들이 직접 걸어갔기 때문에 이룬 성과이다.

그들은 스스로 약을 끊고 회복하고, 기뻐한다.

진정한 자신을 만난 사람에게 정신적 문제는 더 이상 일어나지 않는다.

b. 일신의 문제들이 해결된다.

이 훈련을 통해 일어난 변화들 중에 일반적인 사람들이 가장 많이 누리는 것은 바로, 자신의 일신의 문제들이 해결되는 것을 목격하는 것이다.

그들은 처음에는 반신반의한다. 그들은 이미 배울만큼 배웠고, 더 이상 무엇을 배운다는 것 자체가 어색한 사람들도 많다. 하지만, 이 훈련은 새로운 경험이며 어디에서도 할 수 없는 경험이자 새로운 통찰이다.

그들은 이 훈련을 자신의 삶에서 적용하고 검증하며, 스스로 기뻐한다. 왜냐하면 자신들의 삶을 가로막았던 모든 문제들이 점점 사라지기 때문이다.

그 원리는 앞서서 여러 방편으로 설명되었다.

c. 좋은 사람들과 행복하게 지내게 된다.

그들 중에 많은 사람들은 자신의 주변에서 좋은 사람들을 찾아 나섰다가 실망하고 괴로워하던 사람들이 있다. 하지만, 자신이 좋은 사람이 되는 순간 수많은 좋은 사람들과 행복하게 지내는 자신을 발견하게 된다.

그들은 그동안 반목하던 많은 사람들과 화해하게 된다.

때로는 용서하게 되고, 때로는 용서를 빌게 되며, 때로는 화해를 청하기도 한다.

더 커진 나에게 이제 그런 것들은 아무런 문제가 되지 않기 때문이다.

편안해지고 행복해지며 자유로워진다.

d. 유혹에 빠지지 않게 된다.

그들은 자신의 감각기관을 관찰하여 알아차림의 훈련을 통해 유혹을 제어할 수 있게 되어 스스로 빠지던 덫에 걸려들지 않게 된다. 그리고 설령 걸려들었다고 하더라도 빨리 빠져나올 수 있게 된다.

또한 자신의 기대를 통제하기 때문에 소유를 위해 존재를 버리는 바보 같은 일을 경계하게 된다.

이것을 통해 불나방처럼 불을 향해 날아들던 자신의 습성을 바로잡고 여여하여 움직이지 않게 되므로 자신의 행복을 자신이 지키게 된다.

e. 두려움이 없어진다.

그들은 누구를 만나도 어떤 상황을 만나도 두려움이 없게 된다.

그들에게는 오직 상(像)만이 존재하기 때문에 결국 자신이 직면하고 있는 모든 상황은 자신이라는 사실로 놀란 호랑이를 달래게 되며, 두려움으로 부터 벗어나게 된다.

그렇기 때문에 어떤 사람도 어떤 상황도 통제하게 되며, 스스로 평온을 유지할 수 있게 된다. 이것은 수 없는 수행을 통해서 많은 선각자들이 추구했던 경지인데, 비교적 쉽게 달성하게 된다. 그 이유는 당신은 수 없는 전 생애를 거쳐서 당신이 그것을 갈구해왔기 때문이다.

그래서 어떤 사람은 되고 어떤 사람은 더 많은 시간을 필요로 한다.

05 더 큰 내가 되면 이런 사람들을 보게 될 거야

더 큰 내가 되었다면 당신은 훌륭한 사람들을 많이 만나게 될 것이다.

그들은 여러가지 모습으로 그 훌륭함을 드러낼 것이며, 당신은 그들을 '스승'이라고 부르게 될 것이다.

그리고 더 나아가 당신이 만나는 모든 사람들이 당신에게는 단지 훌륭하게만 보이게 될 것이다.

그래서 당신은 뒤에서 그들을 흉보는 일에 동참하는 것에 대해서 불편함을 느끼게 될 것이고, 그들에 대해서 깊은 감사가 자연스러울 것이다.

그러다 보면 당신은 지금까지 만나던 사람들이 당신에 대해서 낯설어 할 수도 있지만 굳이 그것 때문에 불편해하지 않을 것이다.

그리고 예전에 만났던 사람들과의 인연이 많이 끊어지는 것을 경험하게 되겠지만, 그것이 더 편하다는 것도 알게 될 것이다.

하지만, 당신을 떠나지 않는 사람들은 당신에 대해서 많이 변했다고 말하면서도 당신을 더 좋아하고 존경하겠지만, 당신은 그들의 존경을 구하지도 않는다.

다만, 당신의 눈에 그들은 그저 훌륭한 스승일 뿐일 것이다.

당신은 당신에게 보이는 훌륭한 이들을 보면서 교훈을 얻게 될 것이고, 그 교훈들 덕분에 당신은 그들에게 감사하게 될 것이다.

그런데 재미있는 것은 당신이 그들에게 감사하는 순간, 그들은 그들의 의지와 관계없이 당신을 존중하게 될 것이고, 당신이 모든 것에 감사하는 순간 그들 모두가 당신을 존중하게 된다는 사실을 알게 될 것이다.

당신은 당신의 나라에서 겸손한 왕이 될 것이고, 결국 당신의 눈에 훌륭한 사람만 보이는 이유는 당신이 보는 그 세상이 바로 당신의 거울이므로 결국 당신의 훌륭함을 당신이 보게 된 것이다.

이 원리 때문에 당신은 편안하게 되고 자유롭게 된다. 그렇기 때문에 당신은 누군가를 훈계하거나 가르칠 이유가 없어지며, 오직 배우는 마음이 생기게 된다.

당신을 초월한 당신은 더 이상 당신의 안에 갇힌 존재가 아니며, 당신의 뇌는 당신의 몸을 사용하는 도구가 아니라 세상을 지배하는 도구로서 사용된다.

스스로 자신을 키워가는 동안 자신이 전우주적 존재임을 자각하게 되므로 당신의 시간은 멈추게 되고 당신의 공간은 우주를 채우게 된다.

당신은 누구에게나 겸손하겠지만, 당신의 겸손함에는 대상이 있지 않으며, 눈에 비친 모든 것들에 겸손을 보이는 이유가 자신에게 겸손함이 돌아오는 이치를 알기 때문이다.

이처럼 초월의 뇌는 무한한 깨달음과 무한한 평온함과 자유를 당신에게 선물하게 되므로 드디어 당신은 당신 세상의 주인이 된다.

끝없이 더 큰 내가 되어갈 당신을 축복한다.

06 순서를 보여줄게

'뇌를 디자인하는 프로세스'와 '더 큰 내가 되기 위한 프로세스'는 거의 똑같다. 다만 이것을 구분하는 이유는 훈련의 단계라고 이해하면 좋다.

먼저 위의 뇌를 디자인하는 프로세스를 충분히 연습하게 되면, '더 큰 내가 되기 위한 프로세스'는 한 가지만 바꾸면 되기 때문에 아주 간단하다.

다만, 구분하는 이유를 좀더 자세히 설명하면, '뇌를 디자인하는 프로세스'는 매 순간 자신의 감정, 즉 호랑이가 통제실을 장악하는 것을 적극적으로 막기 위해서 하는 일이며, 이것은 현실적으로 많은 부분에서 이 프로세스를 통해 검증하게 됨으로써 사용자들에게 많은 자신감이 쌓이게 될 것이다.

이 자신감들을 바탕으로 '더 큰 내가 되기 위한 프로세스'를 적용하게 된다면 그때부터는 계속 더 '큰 내가 되기 위한 프로세스'만 적용해도 좋다.

a. 알아차리기-동일함

b. 정지하기과 감사한일 떠올리기-동일함

c. 시각화

눈을 감고 큰 원을 하나 떠올리고, 당신이 가진 문제나 골칫거리, 혹은 당신에게 불편을 주는 존재를 그 원안에 넣는다. 그리고 그 원을 확장시킨다. 그 원이 확장됨과 동시에 당신이 원 안에 넣었던 모든 것들이 축소된다. 당신은 그 원을 끝없이 확장시키며 점으로 변한 당신의 문제들이 점으로 변했다가 아예 사라져 버리는 것을 상상하며 당신이 시각화의 대상으로 삼았던 성인, 예컨데, 예수님이나 부처님의 인자한 표정을 떠올리며 그것을 당신의 얼굴과 오버랩시킨다. 그러는 동안 당신은 예수나 부처와 같은 평온한 모습을 갖게 된다.(존재의 확장과 관련된 명상을 홈페이지나 유투브를 통해서 제공할 예정이다)

d. 디요우, 사이누(이것은 더 이상 필요치 않거나 혹시 필요하면 사용해도 됨)

이 책을 나는 진심으로 사랑하는 사람에게 편지를 쓰는 느낌으로 써 내려갔다.

내가 진심으로 사랑하는 사람들이 더 이상 세상의 모략에 빠져 자신의 뇌를 자신이 사용하지 못한 채 누구나 사용할 수 있는 공용화장실처럼 내버려 두는 일을 그만두기를 바라는 마음으로 써 내려갔다.

지금까지의 내용을 정리해 본다.

뇌의 활용도로써 뇌를 사용하는 단계를 구분해 본다면 아래와 같다.

1. 세상이 뇌를 사용하게 내버려 두는 사람
2. 자신의 뇌를 자신이 사용하게 되는 사람
3. 자신의 뇌를 디자인하는 사람
4. 자신의 뇌를 설계하는 사람

첫번째 단계에 있는 대부분의 사람들은 세상이 자신의 뇌를 서로 가지고 놀도록 내버려둔다.

그렇기 때문에 뇌는 망상으로 가득 차 있고, 뇌는 몸의 생존이라는 마치 최고의 가치처럼 여겨지는 목표를 달성하기 위한 확증편향으로 세상에서 쓰레기들을 건져 올리게 되고 쓰레기 수집가가 된 사람들은 냄새나는 쓰레기 더미위에 앉아 신세를 한탄하게 된다. 이런 비극을 맞이하는 것은 인생을 실패한 몇몇에 해당되는 문제가 아니라, 거의 모든 인간에 해당하는 것이다.

두번째 단계는 질문을 가지고 자신의 뇌를 스스로 사용하게 되는 사람들이다. 이들은 존경받는 사회의 리더들로 끊임없는 영감을 통해 자신을 발전시킬 것이다. 그들의 삶은 평온하고 안정적이며 타인의 감정에 휘둘리지 않는 자신만의 방법을 알게 되며, 늘 깨달음과 함께 자유로운 삶을 살아가게 될 것이다. 이들은 거울의 단계로 비유하자면, 3단계에 이른 사람들이며 감정을 통제하는 능력을 가졌고 뇌의 통제실을 장악한 초급 조련사 수준이라고 할 수 있다. (초급이라고 언급했지만, 실제로 이런 사람들이 사회에서 차지하는 레벨은 최상급에 속한다) 하지만, 그들은 원리를 알지 못한 채 능력을 갖추게 된 운 좋은 사람들이다. 그들은 좋은 환경(일반적인 좋은 환경을 이야기하는 것은 아님)에서 태어나 좋은 기회들을 통해 두번째 단계에 다다르게 되었지만, 그 능력이 어떻게 생겼는지는 알지 못한 채 사용은 할 수 있는 운 좋은 사람들이다.

세번째 단계는 첫번째 단계에 있던 사람들이 어느 날 자신의 삶에 대해서 의문을 갖게 되거나, 혹은 좋은 기회(이 책을 읽는 것도 그 기회가 될 것이다)를 통해 자신의 삶이 스스로 뇌의 통제권을 잃고 있었기 때문에 이상하게 되어 간다는 사실을 알게 되고, 조련사를 깨워 통제실을 장악하는 사람들이다. 거울의 단계로 비유하자면 4단계에 이른 사람들이고 거울 밖으로 나온 사람들이며 자신의 뇌를 디자인함으로써 뇌의 확증편향을 바꾸는 훈련을 통해 망상활성계의 그물을 교체하여 자신의 세상에서 더 이상 쓰레기들을 건져 올리는 대신에 보물들을 건져 올리며 삶을 온전하게 자신이 만들어 가게 된다. 그들은 더 이상 세상에 굴욕적이지 않고, 세상에 의해 움직이는 존재가 아니며, 세상을 거울 속에 비춰진 자신의 모습으로 알게 되며 거울안의 세상을 바꾸기 위해 애쓰지 않기 때문에 지극히 평온한 상태로 세상을 마주하게 되고 그로 인해 세상은 그의 뜻대로 움직이게 된다. 하지만, 그는 그것을 이용해서 쾌락을 추구하지 않으며 자유롭다.

네번째 단계는 세번째 단계가 첫번째나 두번째 단계에 있는 사람들 모두가 갈 수 있는 것과 달리 세번째 단계에 이른 사람들 만이 이를 수 있다. 그들은 자신들의 거울에 온 세상이 다 들어오게 할 수 있으며, 무한대로 확장된 자신이 세상속의 주인임을 깨닫고 삶의 어떤 고난이나 문제도 그에게 없으며, 욕망과 집착으로 부터 자유로울 수 있게 된다. 이 단계는 끊임없는 노력으로 추구될 수는 있지만, 금세 내려오게 될 수도 있고 무한대로 확장될 수도 있다. 하지만, 누구나 훈련을 통해서 작은 체험들을 할 수 있으며, 그 체험들이 깊어질수록 삶은 평화로워지고 누구와도 비교할 수 없는 자유로움을 만끽하게 될 것이다.

이 단계는 시간대별로 구분하면 마치 첫번째 단계에서부터 네번째 단계로 차근차근 가야하는 것이라고 생각되기 쉽다. 하지만, 나의 생각은 좀 다르다.

당신의 원래 자리는 네번째였다.

당신은 진정한 뇌의 설계자이며 세상의 주인이었다. 그런데 어떤 이유에 의해서 점점 노예의 자리로 밀려나 첫번째 쓰레기장 주인이 되어 버린 것이다.

그렇기 때문에 네번째 단계로 노력해서 가는 것이 아니라, 원래 있던 그 자리로 돌아가는 것이다.

당신이 원래 있어야 할 그 자리로 말이다.

그렇기 때문에 당신이 네번째 단계를 체험하게 되면, 이 책이 많은 오류가 있다는 것을 발견하게 될 수도 있다. 그리고 이 책의 내용에서 오류가 발견되고 당신은 더 좋은 방법들로 네번째에 이르는 방법들을 찾아낼 수도 있겠지만, 이 책이 제시하는 방법들에 크게 반감도 들지 않을 것이다. 왜냐하면, 이 책에서 혹시 당신에게 준 영감과 깨달음이 있었다면 그것은 나의 것이 아니고 이미 당신이 가지고 있던 것들이기 때문이다. 당신은 더 좋고 훌륭한 방법을 택하면 된다.

당신은 뱀이 허물을 벗어 던지고 늘 새로운 삶을 살아가는 것처럼,

이 훈련을 통해서 이미 당신이 있던 자리의 본래의 자신을 만나게 되는 순간 옛 것은 허물처럼 필요 없어 질 것이다. 하지만, 그것 덕분에 당신이 성장하고 있음을 당신은 알기에 그 모든 것들 덕분에 당신은 끊임없이 성장할 것이다.

당신은 당신의 허물을 돌아보며 추억할 필요가 없다. 더 훌륭한 것을 추구하면 된다. 당신이 이 끝없는 성장을 출발한다면, 이 책도 그냥 허물이 될 것이다.

모두에게 걸림돌이었던 것들도 당신에게만 오면 디딤돌이 될 것이다. 그것은 그 돌의 문제가 아니라 당신의 문제이기 때문이다.

세상이 어렵다면 당신이 쉬운 것이 문제다.

당신이 어려워지면 세상은 쉬워질 것이다.

당신이 어려워져야 하는 이유는 세상을 쉽게 살아가기 위해서이다.

답답하면 밖으로 나가라.
더 큰 세상이 당신을 기다린다.
그리고
더 커진 그 세상도
당신의 세상이다.

에필로그

나는 소위 뇌를 연구하는 전문가가 아니다. 하지만, 여러분이 분명히 알아야 할 것이 있다.

그것은 어떤 뇌의 전문가도 뇌의 설계자는 아니라는 사실이다.

어떤 사람이 로봇을 발견하게 되었다.

그는 이 로봇을 누가 만들었는지도 모르지만 로봇의 행동과 말하는 것들을 토대로 로봇에 대해서 연구하기 시작했다.

그러는 동안 여러 개의 로봇이 발견되었고, 고장이 날까봐 망설였던 분해를 감행할 용기를 내게 되었다. 그리고 드디어 로봇을 분해하고 로봇에 대해서 연구를 하고 로봇을 분석하여 로봇에 대해서 누구보다 잘 아는 사람이 되었다.

그는 자신이 로봇에 대한 권위자로서 이름을 날리게 되었고 그로 인해 많은 부와 명예가 생기게 되었다. 그리고 그 권위에 도전하는 것은 있을 수 없는 일이라고 생각했다.

그런데 어느 날 로봇의 설계자가 등장했다.

그는 자신이 그 로봇을 만든 사람이라는 것을 세상에 알렸다. 하지만, 로봇을 연구한 사람이 그것을 인정할 수는 없었다. 왜냐하면, 그것을 인정하는 순간 자신의 권위가 바닥에 떨어질 것이기 때문이었다.

어떤 사람이 옛날집을 리모델링 하기 위해 뼈대만 남기고 다시 확장형 리모델링을 했다.

그에게 누가 이 집을 지었느냐고 물어보면, 옛날집을 지은 사람이 집을 지은 것인가? 아니면 뼈대만 남기고 리모델링 한 사람이 집을 지은 것인가?

아테네의 영웅 테세우스가 미궁에 갇혀 제물이 될 뻔한 젊은이들을 구출해서 돌아온 것을 기리기 위해 "테세우스의 배"를 전시했다. 그리고 세월이 흐르면서 배의 널빤지가 하나 둘씩 썩어 새것으로 교체하게 되었다. 만약 배의 모든 부분이 교체되었다면 그 배는 여전히 테세우스의 배일까?

만약 누군가 낡은 널빤지들을 보관했다가 그것으로 낡은 배를 하나 만들었다면 진짜 테세우스의 배는 어떤 것일까? 갈아치운 널빤지로 만든 새 배일까? 아니면 원래 있던 낡은 널빤지의 배일까?

이것이 "테세우스의 배의 역설"이다.

우리의 세포는 1초에 380만 개 꼴로 교체된다. 주기별로 가장 짧은 상피세포는 3-5일이면 수명을 다해 교체되고 아무리 수명이 긴 골반세포도 10년을 넘지 못한다. 그러니까 최장 10년 만에 우리의 몸은 10년 전의 것에 비하면 거의 새 몸이 되는 것이다.

(다만, 전체 세포의 0.5%를 구성하는 뇌 신경세포와 눈 수정체 세포 중에는 일생동안 교체되지 않는 것도 있다.)

그러니까 당신이 당신의 뇌를 운영하는 순간부터 당신은 뇌의 설계자가 된다.

어떤 전문가도 당신의 뇌에 대해서 당신보다 권위 있을 수 없다. 영화 "메트릭스"에서는 "아키텍트"가 등장한다. 바로 메트릭스를 설계한 설계자다.

그 상징을 가져와 설명한다면, 당신이 뇌를 설계하는 순간 당신은 당신 세상을 설계하는 설계자가 되는 것이다.

당신의 뇌는 더 이상 세상의 노예가 되어 세상의 지배를 받으며 어쩔 줄 몰라 하는 불쌍한 어린아이의 표정으로 "제발 좀 저를 어떻게든 도와주세요"라고 말하는 대신 여유 있는 웃음과 자애로운 눈빛으로 "그래 내가 너를 어떻게 만들어줄까?"라고 말하게 될 것이다.

솔직히 말해서 나는 당신이 어느 선택을 하게 되든지 별 관심이 없다.

왜냐하면, 내가 관심을 갖는다고 바뀔 수 있는 것은 오직 나의 뇌와 나의 세상밖에 없다는 사실을 나는 알기 때문이다.

당신의 뇌와 당신의 세상은 당신이 알아서 할 일이다.

그리고 당신이 증명한 세상에 당신은 살게 될 것이다.

다만, 우리가 사는 세상이 서로 교류하기 때문에 그래도 바램이 있다면, 당신이 좋은 선택을 하기를 바란다.

제발 잊지 말기를 당부컨데, 뇌의 전문가는 뇌를 공부하는 사람일지 모르지만, 당신 뇌의 전문가는 바로 당신이라는 사실이다.

〈추가하여 한 말씀 더 드림〉

나는 "마법학교"(마음사용법 학교)를 운영하며, 사람들에게 마음을 사용하는 방법에 대해서 알려주다 보니 나의 여정이 이 곳에까지 다다랐다.

모든 사람들이 알고 있지만, 깨닫지 못하고 있었던 것은 모든 문제의 원인은 뇌라는 사실이다.

나의 행복도 불행도, 만족도 불만족도 모든 것이 뇌로부터 비롯되었다.

그리고 이제 이 책을 통해 개선할 수 있는 확실한 방법도 알게 되었다.

하지만, 게으른 사람들이 변화를 경험하지 못하는 이유는 편도체의 두려움이 성공을 막고 있기 때문이다.

이 문제를 해결하기 위해서 꼭 필요한 것은 질문하는 조력자가 필요하다는 사실을 나는 알아냈다.

그리고 그 조력자는 조금씩 뇌의 변화를 이끌어주어야 한다는 사실에 집중하며 단기 프로그램을 만들었고 그 변화는 검증되었다.

하지만, 부족하게 느껴지는 것은 참 변화를 위해서는 우리 뇌의 편도체의 거부를 이겨내고 해마가 이 변화를 자신의 숙명처럼 받아들이게 해야 하는데 그렇게 하기 위해서는 긴 시간이 필요했다.

긴 시간은 게으른 우리들에게는 모든 것을 포기하게 만드는 늪과 같다. 그래서 결국, 나는 아무리 게으른 사람도 일단 시작해야 겠다는 의지만 갖는다면, 이 책에서 소개한 모든 것들을 달성할 수 있는 장기 프로그램을 만들기에 이르렀다.

이 프로그램은 2박3일의 집중 훈련과 함께 365일동안 지속적으로 질문하는 조력자를 통해 자연스럽게 편도체의 두려움을 넘어 해마의 신뢰를 얻어 자신의 확증편향을 변화시켜 망상활성계의 그물을 바꾸게 하며, "더 큰 나"를 만들 수 있도록 할 것이다.

이 프로그램은 모든 사람들이 함께 할 수 있지만, 당장 마음의 문제를 안고 있는 사람이라면 우선적으로 해보기를 권한다.(마음공부를 하거나 삶의 깨달음을 추구하는 사람들에게는 좋은 성장의 기회가 될 것이다.)

또한 청소년기를 보내고 있는 학생들과 가정이나 직장에서 소통의 장애를 겪고 있는 많은 사람들을 비롯해서 업무의 효율을 올리고 싶어하는 사람들도 함께 하면 그 효과를 눈으로 보게 될 것이다.

자세한 내용은 www.mabubschool.co.kr에서 알아보기를 권한다.

세상에서 가장 위험한 책

네가 아니라 뇌가 문제야

새/뇌/혁/명

내가 진정으로 원하는 것은 무엇인가?

행복의 기준이 있어야 행복할 수 있다.

알아차림을 위한 나의 관찰 계획

관찰이 시작이다.

정지버튼으로 내가 정지할 것들

정지버튼을 누르는 순간! 감정은 모두 정지한다.

내 인생 최고의 감사한 순간들은?

감사한 순간을 떠올리면 몸은 당신에게 순종한다.

새뇌혁명 Planner 05

나의 미래를 위한 시각화

당신이 시각화한 미래, 인물 등이 당신을 이끌게 된다.

주문을 외워보자! 디요우 / 사이누